BUTT

Persönliche Lieblingsrezepte
von Spitzenköchen

Ferran Adrià

Thomas Balensiefer

Albert Bouley

Bernhard Diers

Karl Ederer

Martin Fauster

Georg Flohr

Jörg Glauben

Marc Haeberlin

Alexander Herrmann

Herbert Hintner

Alfred Klink

Vincent Klink

Claus-Peter Lumpp

Dieter Müller

Hermann Pflaum

Olaf Pruckner

Hubert Retzbach

Jörg Sackmann

Christian Scharrer

Hans Stefan Steinheuer

Roland Trettl

Eckart Witzigmann

Harald Wohlfahrt

Eckart Witzigmann

BUTT

Persönliche Lieblingsrezepte von Spitzenköchen

mit Zeichnungen von Günter Grass
und einer Weinauslese von Otto Geisel

Herausgegeben von der Deutschen Akademie für Kulinaristik

 Edition Schwarzes Tor Verlag

Internationaler Eckart-Witzigmann-Preis 2005

Dieses Buch mit persönlichen Lieblingsrezepten von Spitzenköchen für Zubereitungen des Butt erscheint anlässlich der Verleihung des Internationalen Eckart-Witzigmann-Preises 2005 der Deutschen Akademie für Kulinaristik. Der Preis wird in Partnerschaft mit dem Land Baden-Württemberg und seinem Tourismusverband verliehen. Er ist von der DaimlerChrysler Bank dotiert und ist benannt nach Eckart Witzigmann, den GaultMillau als „Koch des Jahrhunderts" gewürdigt hat.

Baden-Württembergs Ministerpräsident Günther H. Oettinger hat die Preisträger des Jahres 2005 in einem Festakt am 28. November 2005 in Stuttgart ausgezeichnet:

Ferran Adrià für „Große Kochkunst". Der Küchenchef des Restaurants „El Bulli" in Spanien ist derzeit in der Welt der Kochkunst als kreativster und einflussreichster Koch anerkannt.

Günter Grass in der Kategorie „Literatur, Wissenschaft und Medien". Der Nobelpreisträger hat mit seinem Roman „Der Butt" ein Meisterwerk geschaffen, das in bemerkenswerter Weise die Kulturgeschichte des Essens darstellt.

Roland Trettl im Bereich „Nachwuchsgastronomen und Nachwuchsförderung". Der Südtiroler vertritt eines der anerkannt aufwändigsten, innovativsten und erfolgreichsten Gastronomiekonzepte der Gegenwart.

Herausgeber und Redaktion danken den mit der Akademie verbundenen Spitzenköchen für ihr engagiertes Mitwirken, Günter Grass und dem Steidl-Verlag, Göttingen, für die freundliche Genehmigung zum Abdruck der Butt-Zeichnungen und der „Fundsachen für Nichtleser".

Stuttgart/Bad Mergentheim
im November 2005

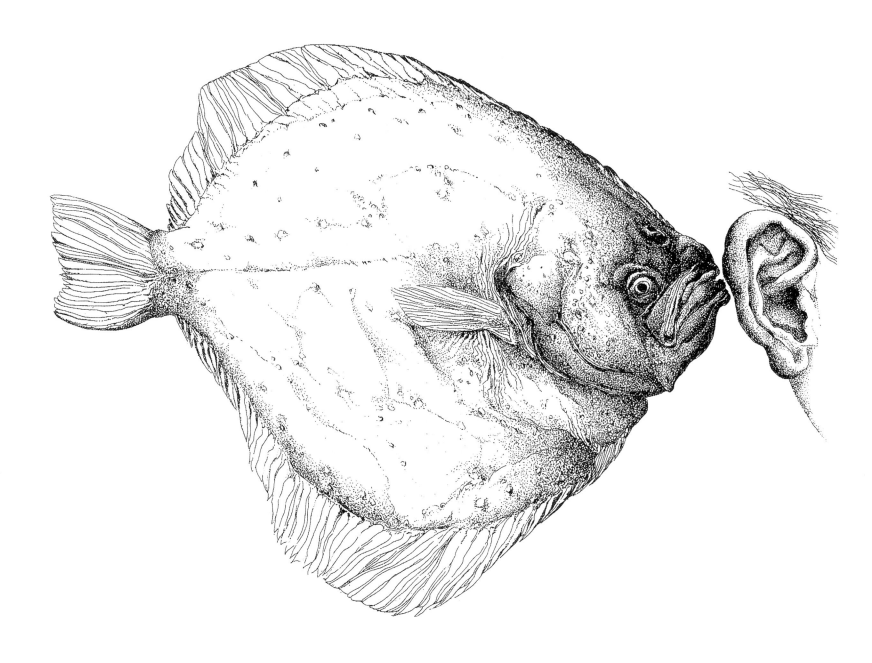

Der Butt (1977)

aus: Günter Grass, In Kupfer auf Stein
© Steidl Verlag, Göttingen 1994

Inhalt

14   Eckart Witzigmann • Hommage an Günter Grass

16   Volker Neuhaus • Kochen als Kunst bei Günter Grass

18   Alois Wierlacher • Das Kulturwissen vom Essen

24   Ferran Adrià • Steinbutt mit Schwarzwurzel
28   Thomas Balensiefer • Steinbutt-Kotelett auf Meeresfrüchterisotto
32   Albert Bouley • Steinbutt kurz gebraten
34   Bernhard Diers • Bretonischer Steinbutt mit Jakobsmuscheln
38   Karl Ederer • Steinbutt im Schweinenetz
40   Martin Fauster • Gebratener Steinbutt mit Artischocken und Carripoule
44   Georg Flohr • Steinbutt mit Rote Bete
46   Jörg Glauben • Steinbutt „à la Viennoise"
48   Marc Haeberlin • Geschmorter Steinbutt mit Pfifferlingen
50   Alexander Herrmann • Gerösteter Steinbutt mit Zitronenthymianöl
54   Herbert Hintner • Minzrisotto mit Steinbutt in der Pfeffermelange
56   Alfred Klink • Steinbutt-Filet mit Curry-Zwiebelconfit auf Zitronengrasjus

60	Vincent Klink	Gefüllter Steinbutt im eigenen Fond
64	Claus-Peter Lumpp	Bretonischer Steinbutt mit Périgord-Trüffel
66	Dieter Müller	Steinbutt-Filet mit Ravioli von Meeresschnecken
70	Hermann Pflaum	Steinbutt gebraten in Safranfond
72	Olaf Pruckner	Atlantik-Steinbutt mit Kartoffel-Trüffelsugo
74	Hubert Retzbach	Heilbutt in Rotweinbutter mit Kräutersalat
76	Jörg Sackmann	Heilbutt in Schalotten-Limonenkruste
80	Christian Scharrer	Steinbutt in Rotwein braisiert mit Rindermark
82	Hans Stefan Steinheuer	Steinbutt auf Steinpilzen
84	Roland Trettl	Der Butt im Butt
86	Eckart Witzigmann	Steinbutt in Milchsud pochiert
88	Harald Wohlfahrt	Steinbuttschnitte auf provenzalischem Gemüsefächer

94 Otto Geisel • Meine Weinauslese zu den Butt-Gerichten

96 Vitae

106 Adressen

Hommage an Günter Grass

ECKART WITZIGMANN

Wir alle kennen das. Man greift im Urlaub zur Lektüre. Der Roman ist spannend, anregend – und doch hat man das Gefühl: Es fehlt etwas.

Leben die Menschen, die dort vorkommen, nur von Luft und Liebe? Was machen sie mittags und abends, wenn unweigerlich das Hungergefühl eintritt, das nun einmal zu unserer Natur gehört – zum Glück.

Das Gegenteil bei Günter Grass: Essen ist der sinnliche rote Faden seiner Erzählungen. Die „Blechtrommel" löste einen wahren Skandal aus. Da wurde ständig gekocht und gespeist und ausladend gegastmahlt – zwar nicht immer appetitlich und schon überhaupt nicht nach den Vorstellungen einer Gesellschaft, in der damals das klodeckelgroße Schnitzel das Sättigungsideal war, aber mit Lust!

Günter Grass bekannte sich öffentlich zur derben ostpreußischen, masurischen und kaschubischen Küche. Zu Birnen, Bohnen und Speck.

Und zu seinem Lieblingsgericht: Kutteln. Wie kann man so einen Abfall essen, entsetzten sich viele. Kutteln? Wunderbar. In Florenz, der Stadt, der wir so viel von unserer Kultur zu verdanken haben, gehören die Trippa-Verkäufer zum Straßenbild wie bei uns die Döner- oder Currywurstbuden. Innereien waren – Diätfibeln zum Trotz – nicht nur in Europas Süden Nahrung des Volkes.

Denn es gibt keine edlen und unedlen Teile eines Schlachttieres. Allein schon der Respekt vor der Kreatur, die für uns geopfert wird, verbietet solche Unterscheidungen. Ist es nicht pervers, wenn heute in Argentinien den Rindern nur die kurzbrätigen Teile entrissen werden, um sie nach Europa zu verschiffen, und der Rest verbrannt wird, während ein Drittel der Menschheit hungert? Ein guter Koch ist nicht der, der perfekt Tournedos Rossini herstellen kann, sondern der aus allen Teilen des Tieres etwas zu kreieren versteht.

Günter Grass hat als junger, noch unbekannter Dichter und Künstler am sprichwörtlichen Hungertuch genagt. Volker Neuhaus erzählt in seiner Grass-Biografie „Schreiben gegen die verstreichende Zeit", der Kunststudent Grass habe sich „gleich am ersten Tag ... mit einer Bratpfanne, Zwiebeln und einem Pfund grüner Heringe ... in der Hartung-Klasse der Berliner Hochschule für Bildende Künste eingerichtet." „Auf einer in der Klasse stehenden elektrischen Kochplatte gebraten, werden sie in der Folgezeit seine extrem preiswerte Hauptnahrung – 35 Pfennig das Pfund. Bevor er die Heringe brät, zeichnet er sie."

Reden wir lieber nicht über den Geruch. Aber schon damals, 1953, ist da der Dreiklang bei Grass: Er schreibt, er zeichnet, er kocht. Seine Heringsbilder von damals sind Vorübungen auf die großartigen Radierungen zum „Butt". Dieser Roman, der weltweit als das wichtigste Werk des Literatur-Nobelpreisträgers gilt, dreht sich von Anfang bis Ende ums Essen.

Grass selbst hat dazu gesagt: „Es ist sicher so, dass ich das ernährungspolitische Thema oder ernährungsgeschichtliche Thema als episches Grundmuster habe. Ich glaube, dass die Ernährungsfrage die zentrale Frage unserer Zeit ist, wenn wir nicht die Augen verschließen wollen vor der Tatsache, dass über die Hälfte der Weltbevölkerung permanent unterernährt ist; und zum gleichen Zeitpunkt haben wir ein Höchstmaß an technischem Know-how, an technologischem Fortschritt auf allen möglichen Gebieten erreicht. Wir sind in der Lage, den Mond zu bewandern etc. und sind aber nicht in der Lage, auf der anderen Seite die Weltbevölkerung zu ernähren. Das hat es in den zurückliegenden Jahrhunderten in diesem katastrophalen Ausmaß nicht gegeben. Das ist, glaube ich, eine Bankrotterklärung des menschlichen Vermögens."

Für Günter Grass sind Essen und Kochen Kunst und Genuss gleichermaßen. Und wer kochend in diesem Prozess kreativ ist, den sollte die Gesellschaft ehren und wertschätzen.

Der „Butt" ist die Geschichte von den „neun und mehr Köchinnen in mir", wie er schreibt. Der Butt, zufällig gefangen in einer Aalreuse, spricht ihn an: „Guten Tag, mein Sohn." Neun Monate begleitet uns der sprechende Plattfisch durch den Roman, er wird Freund und Inspirator – und am Ende wird er wieder in der Ostsee ausgesetzt. Keine der neun und mehr Köchinnen hat sich an ihn herangetraut. Soweit die Poesie.

Wir – die Köchinnen und Köche – holen das nach, natürlich nicht mit diesem außergewöhnlichen, sprechenden Exemplar seiner Gattung. Grass war ja nicht von Ungefähr ausgerechnet von diesem Fisch fasziniert, wie seine Radierungen zeigen. Der Steinbutt hat in seiner Körperstruktur etwas Archaisches, bekannt aus alten Abdrücken in paläonthologischen Museen.

Lebendig liegt er platt im Sand und Geröll des Meeresbodens und passt seine Farbe an. Auf seltsame Weise wächst sein Auge zur anderen Seite durch. Ein Überlebenskünstler im gegnerischen Umfeld in der See und zugleich Inbegriff superben Geschmacks zu Lande.

Wenn wir als Wirkende am Herd die soeben angelieferte Fischkiste aufmachen und unter dem Eis ein bis zu einem Meter großer Steinbutt mit seiner schleimig-glänzenden Haut zum Vorschein kommt, wenn wir seine blutroten Kiemen prüfen, ist das jedes Mal ein feierlicher Akt. Kein Fisch erzeugt mehr Ehrfurcht. Und deshalb sind wir auch in der Pflicht, nach allen Regeln der Kunst mit ihm umzugehen.

Einige der besten Köche Europas legen davon in dieser Rezeptsammlung ein Zeugnis ab. Sie ist eine Hommage an Günter Grass, den Preisträger des Internationalen Eckart-Witzigmann-Preises der Deutschen Akademie für Kulinaristik 2005 in der Sektion „Literatur, Gesellschaft und Medien". Aber auch an den Butt. Wir sind in der Verantwortung, auf unsere Weise dafür zu sorgen, dass die Gattungen Steinbutt, Heilbutt und ihre Verwandten durch einen nachhaltigen Umgang mit der Kreatur in der Fischerei auch für kommende Generationen und für die ganze Menschheit verfügbar bleiben. Auch das schulden wir Günter Grass.

Eckart Witzigmann
im Namen der versammelten Köche

Kochen als Kunst bei Günter Grass

VOLKER NEUHAUS

Günter Grass hat das Kulturthema Essen immer wieder zu einem bevorzugten Gegenstand seiner künstlerischen Arbeit gemacht. Von „Die Blechtrommel" über „Der Butt" bis hin zu Rezept-Gedichten wie „Bohnen und Birnen" oder „Die Schweinskopfsülze" und zahlreichen Radierungen und Plastiken hat Günter Grass die anthropologische, kommunikative und symbolische Bedeutung des Essens sowohl im Aufbau der Kultur(en) als auch in der Verständigung zwischen den Menschen und im Leben des Einzelnen ansichtig gemacht. Ebenso spielen im Gesamtwerk von Günter Grass die Handlungsfiguren des Kochs und insbesondere der Köchin als Kulturstifter eine herausragende Rolle. Unermüdlich hat Günter Grass auch die Grundbedingung aller Kulinaristik, den Kampf gegen den Hunger, thematisiert.

Auch das Kochen durchzieht als Kunst das Gesamtwerk von Günter Grass, er selbst hat das Kochen lebenslang als dritte Kunst neben der des Zeichnens und der Wortkunst gepflegt. Drei früh verstorbene Brüder seiner Mutter haben je eines dieser Talente gehabt; ihr Neffe hat sie dann in sich vereinigt und lebenslang gepflegt.

In den ontologischen Gegensatz der weißen und schwarzen Köchin ist die Blechtrommel eingespannt. Die Großmutter erscheint im Sinne des ursprünglichen Konzepts der Kultur und in uralter Geste der Lebensstiftung als Köchin auf dem Acker. Schon von Oskars Vater Alfred Matzerath heißt es im Text, er habe Gefühle in Suppen verwandeln können, und 1972 konnte man in „Aus dem Tagebuch einer Schnecke" die Ankündigung des Butt lesen: „Ein erzählendes Kochbuch" will Grass schreiben, „über 99 Gerichte, über Gäste und Menschen als Tiere, die kochen können, über den Vorgang Essen, über Abfälle ..." Dank einer schweren Beziehungskrise wird der Butt dann auch ein Buch über die Geschlechter und ihre Rollen, aber die „Nahrung" bleibt zentral, „vom Hirsebrei bis zum Sülzkotelett. Es geht um Überfluss und Mangel, um das große Fressen und den anhaltenden Hunger". Im Treffen zu Telgte führt Grass wenig später (1979) mit erzählerischen Mitteln auch und vor allem die kulturbildende Funktion der Gastlichkeit vor Augen.

„Neun bis elf Köchinnen" steckten in ihm und wollten heraus, versichert das erzählende unsterbliche Märchen-Ich im Butt immer wieder. Eine Frau war es, die dem Himmelswolf einst das Feuer gestohlen hat, um endlich für die Horde kochen zu können, während die Männer es dann missbrauchen, um Waffen zu schmieden. Krieg, Totschlag und Gewalt kennzeichnen die männlich dominierte Geschichte, und die von Köchinnen zubereiteten Mahlzeiten werden neben der sinnlichen Liebe zur Gegenmacht in einer chaotischen Welt. Jede Köchin hat für sie typische Rezepte, von der Fischsuppe der mittelalterlichen Mestwina und der Fastenküche der hochgotischen Dorothea über das barock Pralle und Dralle der Nonne Margarete Rusch und die Gesindeköchin Amanda Woyke als Schöpferin aller erdenklichen Rezepte um die neu eingeführte Kartoffel bis zum Schweinekohl der polnischen Kantinenköchin Maria Kuczorra. Auch phantastische Qualitäten hat der Köchinnen Küche, von Mestwinas aphrodisiakischer Bernsteinbeigabe bis zu Lena Stubbes Fleischbouillon, in der sie Nagel und Strick vom Selbstmordversuch ihres lebensuntüchtigen Mannes mitkocht und die so zum Universalmittel gegen Melancholie wird. So liebt und lebt man mit dem Essen, aber es kann auch tödlich sein: Die Nonne Rusch mästet den Abt Ferber zu Tode, und die Tafelrunde von Napoleons Gouverneur Rapp versinkt in einen tödlich ekstatischen Rausch dank Sophie Rotzolls verhängnisvollem Pilzgericht.

Nur den Butt selbst kocht keine Köchin, hat ihm doch Runges Märchenheld, der Fischer, Schonung gewährt, wenn er ihm dafür seine Wünsche erfüllt. Und als die Frauen ihn zu Beginn des Buches ein zweites Mal fangen, kochen sie ihn ebenfalls nicht, sondern stellen ihn vor Gericht: Er sei es gewesen, der die Männer zum Ausbruch aus dem Matriarchat und zur Ausübung von Gewalt gegen die Frauen, die Tiere, die Schöpfung verführt habe. Wunsch auf Wunsch habe er ihnen erst eingeredet und dann erfüllt, von der Völkerwanderung bis zur Weltraumfahrt, von der Steinaxt bis zur H-Bombe.

Der Märchenbutt bleibt zwar am Leben, aber an seiner Stelle sterben elf seiner Artgenossen, für jede misshandelte Köchin einer, und werden in einem rituellen Mahl von den Repräsentantinnen der Köchinnen aus allen Jahrhunderten verspeist, „auf Estragonbutter angedünstet, mit Weißwein gelöscht, in reichlich Sud auf kleiner Flamme gegart, mit Dill und Kapern gewürzt, schließlich samt Rogen und Milch, die im Juni beim Steinbutt groß ausfallen, in vorgewärmten Schüsseln geschichtet" und „mit Salzkartoffeln und Gurkensalat" serviert.

Prof. Dr. Volker Neuhaus
Universität zu Köln

Das Kulturwissen vom Essen

ALOIS WIERLACHER

Essenordnungen, betont der berühmte Philosoph Friedrich Nietzsche, seien „Offenbarungen über Kulturen". In der Tat bestimmen Traditionen, Normen, Rituale und das Geflecht von Symbolen und anderen Bedeutungen, in denen Menschen ihre Erfahrungen interpretieren, darüber mit, was sie als Lebensmittel ansehen, zum Verzehr zubereiten, als Speise akzeptieren und was sie aus welchem Anlass, in welcher Situation, wie, warum und wo miteinander essen. „Eating like talking is patterned activity" (Mary Douglas).

So eng ist das Kulturphänomen Essen als individueller und kollektiver, privater und öffentlicher Verhaltens-, Kommunikations-, Wert-, Symbol-, Genuss- und Handlungsbereich mit unseren Kommunikationssystemen in Alltag und Festtag verbunden, dass man es mit gutem Grund als ‚soziales Totalphänomen' charakterisiert hat (Marcel Mauss).

Nie erschöpften sich Sinn und Zweck des Essens darin, kreatürlichen Hunger zu stillen oder die Nährwertzufuhr auf dem physiologischen Bedarfsniveau zu halten. Essen war immer auch eine besondere Lust- und Leidquelle menschlicher Existenz, spiegelte Armut und Wohlstand, vermittelte Genuss und erregte Ekel, förderte Gemeinschaft und Individuation, stiftete Krieg und Frieden, war Zeichen der Liebe und des Hasses, diente als Integral des Alltags und des Festtags, fungierte als Herrschaftsinstrument und Sozialisationsmittel, Medium und Experimentierfeld sinnlicher, sozialer und ästhetischer Erfahrungen oder Sehnsüchte. Nicht zuletzt ist das Essen immer schon ein Mittel der Erkenntnis gewesen, wie außer der Geschichte der Feste und der Künste, besonders der poetischen Literatur oder der Malerei, die zahlreichen Mythen (Religionen) klarmachen, in denen, der biblischen Erzählung vom Sündenfall vergleichbar, Essen und Erkennen in ihrem Ursprung miteinander verknüpft sind.

Seit einigen Jahren befassen sich die Kulturwissenschaften wieder verstärkt mit dem Kulturthema Essen. 1994 wurde zum Beispiel der heute in Heidelberg angesiedelte „Internationale Arbeitskreis für Kulturforschung des Essens" ins Leben gerufen. Aber es fehlte eine als essenziell empfundene Zusammenarbeit zwischen Gastronomie, Hotellerie und Kulturwissenschaft. Um diese Aufgabe anzugehen, wurde die „Deutsche Akademie für Kulinaristik" geschaffen.

Sie ist ein Exzellenz-Netzwerk der allgemeinen und berufsbezogenen wissenschaftlichen Weiterbildung. Im Jahre 2000 in Pegnitz gegründet, hat sie seit 2004 ihren Sitz in Baden-Württemberg (Bad Mergentheim). Mit Rücksicht auf die Komplexität ihres Gegenstandes wurde sie als Verbund (Netzwerk) von Fachgebieten zahlreicher Universitäten des In- und Auslands mit Berufsakademien und Unternehmen vor allem des Gastgewerbes sowie Institutionen der Kulturarbeit in Form einer ‚Corporate University' konzipiert. Sie versteht sich als Teil und Variante der praxisorientierten Kultur- und Lebenswissenschaften (www. kulinaristik.de).

Zweck der Akademie ist die wechselseitige Aufklärung von Kulturwissenschaften, lebensweltlicher und branchenspezifischer Praxis über die Rolle und Funktion des Essens und der Gastlichkeit im Aufbau der Kultur(en), in den intra- und interkulturellen Verständigungsprozessen zwischen den Menschen und im Leben des Einzelnen.

Wie passen Kulturwissenschaften und Gastronomie zusammen? Warum benötigen wir diese Zusammenarbeit? Ein Wort des französischen Philosophen Jean Paul Sartre lässt den Bedarf gut verstehen. Es lautet scheinbar einfach: „Jede Nahrung ist ein Symbol." Doch genau genommen geht es um Grundsätzliches: Der Akt des Essens und der Akt der Stiftung von Bedeutungen und Werten hängen unmittelbar zusammen.

Die Vorhaben der Akademie werden von den historischen Veränderungen der Geisteswissenschaften zu allgemeinen oder regionalen Kulturwissenschaften erleichtert und befördert. Diese Wissenschaften haben den alten Dualismus von Körper und Geist ebenso hinter sich gelassen wie die dogmatischen Trennungen zwischen den Annäherungsweisen der beiden ‚Diskurskulturen' Wissenschaft und Literatur oder die Polarität von Theorie und Praxis oder die geisteswissenschaftlich-feuilletonistische Reduktion des Begriffs der Kultur auf die schönen Künste und ein entsprechendes Ressort. Kein Wissenschaftler von Rang setzt solche Verengungen und Oppositionen heute noch fort.

Die Akademie lässt sich deshalb von der Überzeugung leiten, dass Gastronomie und Kulturwissenschaften gemeinsam auch das Orientierungswissen zu schaffen vermögen, das unsere Gegenwart angesichts des zuständlichen Hungers in der Welt und der anwachsenden Rolle industrieller Nahrungsmittelproduktion in der globalisierten Welt benötigt: zum einen das Wissen über den scheinbar trivialen, aber lebenswichtigen Umstand, dass uns niemand die Handlung des Essens und die Wahl der Speise abnehmen kann, und zum anderen das Wissen um die globale moderne Kulturgeschichte als der Geschichte des menschlichen Zusammenlebens.

Wissenschaft und Gastronomie sind jeweils eine Institution, eine Lebensform und eine besondere Art der Wissensvermehrung. Beide Partner passen somit gut zueinander. Beide Berufsgruppen sind auch insofern vergleichbar, als ihr Wissen und ihr Können in der einzelnen Person des Gastronomen bzw. des Wissenschaftlers zusammenlaufen. Weil letztlich die einzelne Person in ihrer Kreativität und Verantwortung im Vordergrund des Geschehens steht, sehen sich beide Institutionen auch vor die gleiche Herausforderung gestellt: Wollen sie kooperieren, müssen sie ungeachtet ihres strukturellen ‚Individualismus' das Zusammenspiel einüben. Die Akademie versteht sich darum auch selbst als lernende Institution.

Die Akademie führt den Namen *Deutsche* Akademie. Das Attribut meint primär eine sprachkulturelle und sekundär eine politische Zuschreibung; es betrifft in erster Linie die deutschsprachige Region Europas und in zweiter Hinsicht die Verhältnisse in Deutschland. Menschen vollziehen die Beteiligung an anspruchsvollen öffentlichen Aufgaben in aller Regel über ihre Muttersprache. Jede lebendige Sprache ist Teil einer geschichtlich gewachsenen Region. Erst die Aktualisierung dieser Verknüpfung eröffnet praktische Teilhabe am Leben einer Gesellschaft. Da das Konzept der ‚Regionalität' auch aus Gründen der weltweiten Lebensmittelkontrolle immer wichtiger wird und Kulturalität die logische Voraussetzung von Interkulturalität ist, favorisiert die Akademie eine Gastronomie, die sich im Interesse kultureller Selbstbehauptungen als positionsbewusste Kulturgastronomie entwirft und sich als solche zugleich ein weltoffenes und mehrsprachiges Profil gibt.

Die Akademie ist somit in ihren Zielsetzungen auch eine kulturpolitische Einrichtung. Sie wird sich in den kommenden Jahren im übergeordneten Kontext der europäischen Einigung, der Globalisierungsprozesse und der Geschichtlichkeit menschlicher Existenz der Herausforderung stellen, dem Sprach- und Kulturwissen sowie dem Prinzip der Mehrsprachigkeit die nötige Resonanz und Geltung zu verschaffen, also in Ergänzung der lingua franca des Englischen und der traditionellerweise französischen Küchensprache auch eine deutsche ‚kulturgastronomische' Sprache zu schaffen, die als solche zugleich mehr ist als eine nationalkulturelle Sprechweise.

Begonnen wurde diese ebenso schwierige wie langfristige Aufgabe bereits mit der Namensgebung der Akademie. Sie hat den Ausdruck *Kulinaristik* (von lat. culina, die Küche) neu geschaffen. Der Name schließt semantisch alle Schichten der Gesellschaft ein, fasst das wechselseitige Reflexionsinteresse von Praxis und Theorie ebenso gut ins Wort wie die Komplexität des Gegenstandes und ist, so zeigt die bisherige Erfahrung, auch in der breiteren Öffentlichkeit verständlich.

Ein existenziell wichtiger Teil unserer Bildung als Befähigung zur Selbstbestimmung, also auch zum Selbstdenken, ist die kulinarische Bildung; denn niemand kann uns beim Essen vertreten. Dieser fundamentale Sachverhalt betrifft die körperliche Bedingung menschlicher Existenz ebenso wie die Identität und Wandlungsfähigkeit des essenden Subjekts, und er ist ein Politikum ersten Ranges. Das hat vor zweihundert Jahren schon ein kleiner Fabel-Text des Staatsrechtlers Karl Friedrich Freiherr von Moser klargemacht, mit dem er wagemutig politische Ansprüche ad absurdum führte:

> Wir haben gegessen
> Am Geburtstag eines jungen Adlers gab König Adler seiner Familie ein großes Mahl und lud alles Heer des Himmels zu diesem Freudenfest ein. Ehrerbietig warteten Tausende von Vögeln bei seiner Tafel auf, bewunderten den Reichtum der Speisen und noch mehr die heroischen Verdauungskräfte ihres Königs. „Wir", sprach endlich der gesättigte Adler zu dem zuschauenden Volk, „wir haben gegessen." „Wir aber nicht", zwitscherte ein von Heißhunger geplagter Sperber. „Ihr seid", erwiderte der erhabene Monarch, „mein Staat, ich esse für euch alle."

Zu den kulturprägenden Figuren, denen sich die Kulinaristik im Zeitalter der Globalisierung nachhaltig zuwenden wird, gehören der Koch und die Köchin. Beide spiegeln eine sehr unterschiedliche Sozialgeschichte, auf die in unserer Zeit vor allem Günter Grass mit seinem Roman „Der Butt" aufmerksam gemacht hat. Folgt man dem großen Ethnologen Claude Lévi Strauss, dann begann die menschliche Kultur weder mit der Verführung Adams durch Eva noch mit der Entwicklung der Schrift, sondern mit der Entdeckung des Feuers und der nachfolgenden Unterscheidung des Rohen vom Gekochten. Als Menschen das Fleisch nicht mehr wie die Tiere generell roh aßen, sondern es (für andere) zubereiteten, begann in dieser Sicht die Ausdifferenzierung der cultura humana. Deren Mahlzeiten sind als Handlungs- und Beziehungssituationen Integrale des Alltags und Festtags; sie schaffen Nähe, verringern hintergründige Distanzen und bauen aufgrund ihrer universalistischen Grundqualität Brücken der zwischenmenschlichen und zwischenkulturellen Verständigung. Koch und Köchin avancieren, so gesehen, sowohl im privaten als auch im öffentlichen Leben zu Kulturstiftern und Kulturträgern.

Professor Dr. Alois Wierlacher
Vorsitzender der Deutschen Akademie für Kulinaristik

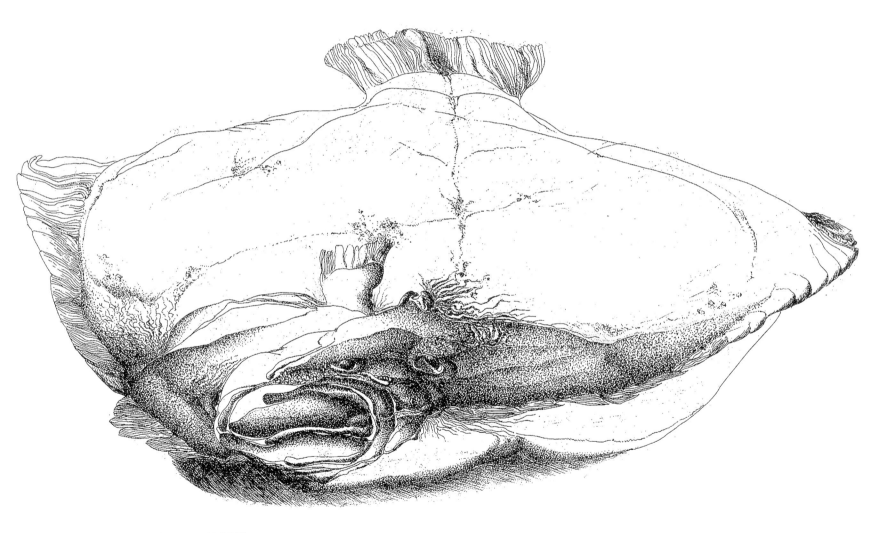

Butt in Sand gebettet (1977)

Ferran Adrià

Steinbutt mit Schwarzwurzel,
schwarzem Trüffel und Hahnenkamm
Für 4 Personen

8	Steinbutt-Filets à 80 g	Mit Hilfe eines scharfen Messers die Haut der Steinbutt-Filets entfernen und dabei eine 0,3 cm dicke Schicht Fisch an der Haut zurücklassen.

3 mittelgroße Schwarzwurzeln
300 g Wasser
20 g Zitronensaft
15 g Weizenmehl
 Salz

Die Schwarzwurzeln schälen und dabei versuchen, keine faserigen Stellen zu hinterlassen. In 8 cm lange Stäbe schneiden. In einem Topf das kalte Wasser, den Zitronensaft und das Weizenmehl mischen und die Schwarzwurzeln hineingeben, eine Prise Salz hinzufügen und 30 Minuten auf niedriger Flamme köcheln. Anschließend, wenn sie erkaltet sind, längs in 0,4 cm dicke Scheiben schneiden.

4 Hahnenkämme
15 g Weizenmehl
 Salz
100 g Porree (Lauch)
100 g Karotten
75 g Zwiebeln

Die Hahnenkämme mit einem feinen Messer pikieren und in kaltem Wasser für 12 Stunden im Kühlschrank ausbluten lassen. Die Kämme in sauberem Wasser für 30 Minuten zum Kochen bringen. Anschließend abtropfen lassen und dann mit grobem Salz einreiben, damit sich die Haut von dem Kämmen löst. Mit Wasser säubern. Die Kämme in einem Topf mit Wasser, dem Mehl und dem Gemüse zum Kochen bringen und 2 Stunden köcheln. Kalt werden lassen.

Für das frische Kräuterpüree
50 g Blattpetersilie
25 g Kerbel
15 g Schnittlauch

Die Kräuter mit einer Prise Salz in kochendem Wasser 2 Minuten lang verbrühen lassen, sieben und kalt werden lassen. Dann zusammen mit einem Schuss der Brühe in einem Glas zermahlen, bis feines Püree entsteht.

Die Steinbutt-Häute in 3 cm breite Würfel schneiden, sie leicht mit Mehl einreiben und salzen, danach in heißem Sonnenblumenöl frittieren, bis sie knusprig sind. Auf Küchenpapier abtropfen lassen, während sie noch warm sind, salzen.

Für die knusprigen Steinbutt-Häute
- 100 g Weizenmehl
- 150 g Sonnenblumenöl
- Salz

Für die Trüffel- und frische Kräutersoße
- 60 g frisches Kräuterpüree
- 60 g Meerwasser
- 1 schwarzer Trüffel von 30 g
- 60 g Butter
- 180 g schwarzer Trüffelsaft

- 10 g Butter
- Salz
- frisch gemahlener schwarzer Pfeffer
- 16 Stangen Schnittlauch
- 8 kleine Zweige frischer Kerbel
- Olivenöl

Den Trüffel in 20 0,3 cm dicke Scheiben schneiden. Der Rest der Zutaten wird für die Fertigstellung und Gestaltung gebraucht, um die Hahnenkämme zu kochen und die Soße herzustellen.

Fertigstellung und Gestaltung

Die Schwarzwurzelscheiben und die Hahnenkämme mit ein wenig Butter in eine heiße Pfanne geben. 3 Minuten lang andünsten und den Trüffelsaft hinzufügen. Auf die Hälfte reduzieren lassen. Das Meerwasser und das Kräuterpüree hinzufügen und auf kleiner Flamme für 30 Sekunden kochen lassen. Danach 60 g Butter hinzufügen und die Pfanne mit rotierenden Bewegungen vom Herd nehmen. Die Trüffelscheiben dazugeben und mit Salz und Pfeffer würzen. Die Steinbutt-Filets salzen und pfeffern und in einer Pfanne mit wenig Olivenöl braten.

Auf einem runden Teller ein Steinbutt-Filet platzieren. Die Hahnenkämme und die eingelegten Trüffelscheiben positionieren, so dass sie sich ans Steinbutt-Filet anlehnen. Ein zweites Steinbutt-Filet vorsichtig darauf legen.

Darum herum die Soße mit den gekochten Schwarzwurzeln und die Steinbutt-Häute verteilen. Mit 4 Halmen frischen Schnittlauchs in der Mitte des Tellers und 2 kleinen Zweigen Kerbel an den Tellerrändern ist das Gericht vollendet.

2000 „La Perla", Ansitz Dolomytos, Südtirol

Am Ritten, dem Hausberg der Bozener, entstand diese Cuvée aus Riesling, Sauvignon, Ruländer und Weißburgunder.
Der Ausbau erfolgte über 15 Monate in neuen französischen Eichenholzfässern.
Der Dolomytos ist ein kräftiger Wein, der durch seine Rebsortenzusammensetzung ausgewogen wirkt und durch seinen Duft die Aromenvielfalt eines orientalischen Marktes erleben lasst.

DISPUT

Stein und Fisch,

diese Schwätzer,

unentwegt im Gespräch.

Günter Grass

Thomas Balensiefer

Steinbutt-Kotelett auf Meeresfrüchterisotto

Für 4 Personen

1 Steinbutt à 1,8-2,0 kg

Meeresfrüchterisotto
200 g	Calamaretti, in Ringe geschnitten
80 g	Krabbenfleisch
100 g	Riesengarnelen, in Stücke geschnitten
4	Jakobsmuscheln
8	abgekochte Miesmuscheln oder Venusmuscheln
4	Scheiben Chorizo (scharfe spanische Salami)
2	Eiertomaten gehäutet, entkernt und in Würfel geschnitten
	je eine rote und gelbe Paprika geschält und gewürfelt
50 g	Zuckerschoten in feine Streifen geschnitten
2	gewürfelte Artischockenböden
2	fein gewürfelte Schalotten
2	gehackte Knoblauchzehen
180 g	Risottoreis
	Safranfäden
1	Lorbeerblatt
2 EL	gehackte Petersilie
30 g	geriebener Parmesan
0,15 l	Geflügelfond
0,15 l	Krustentierfond
	Olivenöl
	Salz, Pfeffer, Cayennepfeffer

Den Steinbutt waschen und säubern. Kopf und Flossen mit einem Sägemesser abschneiden, danach den Steinbutt der Länge nach durch das Rückgrat teilen.
Die Steinbutthälften nun in 2-3 cm dicke, kotelettartige Stücke schneiden und kalt stellen.

Risotto

Schalotten, Knoblauch, Paprika und Artischocken in Olivenöl anschwitzen.
Safran, Reis und Lorbeerblatt zugeben und mit anschwitzen.
Mit Weißwein, Geflügelfond und Krustentierfond ablöschen. Mit Salz und Pfeffer abschmecken und ca. 15 Minuten bei niedriger Temperatur garen lassen.
Die Riesengarnelen, Jakobsmuscheln und Calamaretti in Olivenöl kurz anbraten und zum Reis geben. Zum Schluss Tomaten, Zuckerschoten und Petersilie, Krabben und Muscheln und den geriebenen Parmesan zugeben.

Die Steinbutt-Koteletts würzen und in Olivenöl mit Thymian und Knoblauchzehen anbraten. Für ca. 5 Minuten bei 180 Grad in den Backofen stellen.
Die geschnittene Chorizo in einer Bratpfanne kurz anbraten.
Das Risotto auf vorgewärmte Teller geben, die Steinbutt-Koteletts darauf anrichten.
Mit der Chorizo und nach Wunsch mit Muscheln in der Schale garnieren, danach mit der Rosmarinsoße übergießen.

Rosmarinsoße

	alle Steinbutt-Karkassen
1	Fenchelknolle
3	reife Tomaten
2	Schalotten
je 100 g	grob zerkleinerte Karotte, Staudensellerie, Lauch
1 EL	Tomatenmark
0,1 l	Olivenöl
0,2 l	Weißwein
ca. 1 l	Wasser
1	Thymianzweig
1	kl. Bund Rosmarin
	Noilly Prat
	Pernod nach Belieben
	Salz, Cayennepfeffer
	evtl. Kartoffelstärke zum Abbinden
2 EL	gehackte schwarze Oliven
2 EL	gehackte getrocknete Tomaten

Zubereitung der Rosmarinsoße

Die Kiemen am Kopf des Steinbutts entfernen; mit Flossen, Bauchlappen und den restlichen Abschnitten wässern, auf ein Sieb geben und trockentupfen.

Die Karkassen in Olivenöl anbraten und etwas Farbe nehmen lassen – Fenchel, Schalotten, Tomaten und das restliche Gemüse zugeben und kurz mit anschwitzen. Tomatenmark, Kräuter, Knoblauch, Weißwein und Wasser zugeben, gut durchrühren und für 20 Minuten bei ca. 180 Grad in den Backofen stellen.

Danach den Ansatz aus dem Ofen nehmen und vorsichtig durch ein Sieb geben.
Mit Pernod, Noilly Prat, Salz und Cayennepfeffer abschmecken und je nach Konsistenz mit Kartoffelstärke leicht abbinden.
Vor dem Servieren die gehackten Oliven und Tomaten zugeben.

2000 Chardonnay, Marchesi di Grésy, Piemont.

Der Wein stammt aus den südlichen Lagen der Gemeinden Barbaresco und Treiso, in welchen eigentlich große Rotweine wachsen. Er verbindet somit auf ideale Weise das Risotto, den Rosmarin und die Geschmackswelt des Meeres. Dieser Wein trägt die Handschrift meines Freundes Jeffrey Chilcott, der, aus Neuseeland kommend, als Erntehelfer begonnen hat und inzwischen der anerkannte „Winemaker" dieses Traditionsgutes ist.

EIGNE KARTOFFELN

Drei knappe Reihen
sind genug für den Herbst
und für Gäste, die wenig
von eignen Kartoffeln wissen.

Günter Grass

Albert Bouley

Steinbutt kurz gebraten
„Turbot du paradis d'indochine"
Für 4 Personen

480 g	Steinbutt-Filet
4	Gambas
1	Zitrone
1 TL	Soja
1 TL	Mirin
1 TL	Reisessig
10 cl	Gemüsefond
5 cl	trockener Weißwein
	Butterflocke
	Kombu
	Chicorée-Streifen
	Ingwer
	Minzblätter

Steinbutt-Filet mehlieren und in Öl rosa braten. Mit den Gewürzen (Zitrone, Sojasoße, Mirin, Reisessig und Kombu) marinieren und gut ruhen lassen. Im Bratensatz die 4 Gambas glasig anschwenken. Den Bratensatz mit Gemüsefond ablöschen, dann mit einer Butterflocke aufschlagen und abpassieren. Gegebenenfalls etwas Weißwein hinzugeben.

Chicorée waschen und in Streifen schneiden, knackig blanchieren und in Eiswasser abschrecken. In Butter glasig anschwenken und mit geraspeltem frischem Ingwer und fein gehackter Minze vermengen. Mit Salz und etwas Zitronensaft abschmecken.

Dekorativ anrichten, mit den Gambas garnieren und mit der Soße knapp nappieren. Kräutersträußchen.

2001 Bourgogne Hautes Côtes de Nuits, Jayer Gilles, Burgund

Die Weine von Gilles Jayer haben eine Sonderstellung in Burgund. Oft stammen sie, wie dieser, von Appellationen, die nicht so hoch eingeschätzt sind, sich dann aber vielen Weinen aus renommierterem Ursprung als überlegen erweisen. Sein Hautes Côtes de Nuits ist von vorbildlicher Frische, Reinheit und Präzision und zeichnet sich durch edles Holz und eine delikate und florale Note aus.

Bernhard Diers

Bretonischer Steinbutt mit Jakobsmuscheln
an geschmortem Rhabarber in Ingwervinaigrette
Für 4 Personen

Steinbutt

4	Steinbutt-Filets à 100 g
4	Jakobsmuschelkerne
	Olivenöl/Butter
1	Thymian
1	Rosmarin
1	Knoblauchzehe

Steinbutt

Die entgräteten Filets trockentupfen, salzen, pfeffern, leicht in Mehl wenden und in einer heißen Pfanne in Olivenöl auf der Hautseite braten. Gewürze beigeben, nur kurz auf die Fleischseite legen und direkt auf einen heißen Teller platzieren. Etwas Butter in die Pfanne geben, bräunen lassen, mit Zitronensaft ablöschen, gehackte Petersilie beigeben und den Sud auf die Steinbutt-Filets verteilen.
Die gesäuberten Jakobsmuscheln trockentupfen, mit Salz und Pfeffer aus der Mühle würzen, in einer heißen Pfanne glasig braten und zum Steinbutt auf dem Teller arrangieren.

Ingwervinaigrette

36 g	Zucker karamellisieren
8 g	Orangenschale
40 ml	Orangensaft
100 g	geschälten Ingwer fein geschnitten
100 g	geschnittene Äpfel
1	Spritzer Himbeeressig
200 ml	Apfelsaft
100 ml	Orangensaft
4 g	geschroteten roten Pfeffer
2 g	weißen Pfeffer
160 ml	Steinbuttfond

Ingwervinaigrette

Den Zucker karamellisieren, Orangenschale, Ingwer, geschnittene Äpfel beigeben, mit Himbeeressig abspritzen, mit Orangensaft ablöschen und klumpenfrei kochen. Aufgießen mit Apfelsaft und Orangensaft. Gewürze beigeben und mit reduziertem Steinbuttfond auffüllen. Sämig einkochen, passieren und die aufgeführte Einlage kurz vor dem Servieren einschwenken.

Einlage

Zuckerschoten- und Ingwerwürfel und Limettenblätter

Steinbuttfond

1,3 kg	gewaschene zerkleinerte Karkassen
50 g	Schalottenwürfel
300 g	Tomaten in kleine Stücke geschnitten
50 g	Fenchel fein geschnitten
50 g	Lauch fein geschnitten
30 g	Staudensellerie fein geschnitten
4	geschälte Knoblauchzehen
2	frische Lorbeerblätter
	Thymian, Rosmarin
60 ml	Pernod
80 ml	Noilly Prat
220 ml	guten kräftigen Weißwein
300 ml	Wasser

Rhabarberfond

180 g	Zucker
40 g	Ingwer fein geschnitten
3-4	Spritzer Himbeeressig
	sehr wenig Apfelsaft zum Ablöschen
400 g	Rhabarberstücke
500 ml	Wasser
3	ausgekratzte getrocknete Vanilleschoten
20 g	Lavendelhonig

Steinbuttfond

Die Karkassen in einem passenden Topf anschwitzen, alle Ingredienzien der Rezeptreihenfolge nach und nach den Karkassen beigeben und gut anschwitzen. Mit Pernod, Noilly Prat und Weißwein ablöschen, um zwei Drittel reduzieren, mit kaltem Wasser aufgießen und 20 Minuten bei geringer Hitze kochen lassen. Passieren und beiseite stellen.

Rhabarberfond für Steinbutt-Filet

Zucker karamellisieren, den Ingwer beigeben, ablöschen mit Himbeeressig und etwas Apfelsaft und mit Wasser auffüllen. Vanilleschoten einlegen und 20 Minuten bei kleiner Hitze kochen. Durch ein Sieb passieren. Lavendelhonig unterrühren und abschmecken. Rhabarber schälen, in gleichmäßig dicke Stäbchen schneiden und in ein Gefäß mit großer Oberfläche legen. Den Fond aufkochen und über die Stäbchen gießen. Nach ca. 10 Minuten den Fond abgießen, wiederholt aufkochen und nochmals auf die Stäbchen gießen. Nach weiteren 10 Minuten sollte der Rhabarber weich sein.

2004 Sancerre „Domaine de la Moussière", Alphonse Mellot, Loire

Die Einzellage „La Moussière" wird als Ausnahme-Terroir der Appellation Sancerre angesehen. Alphonse Mellot legt Wert darauf, dass er keinen Sauvignon erzeugt, sondern einen Sancerre mit Terroirprägung.

KLEINE ZUTAT

Bevor der Fisch über der Glut
zu weißen Augen kommt,
salbt ihn ein Gebet;
der Koch in mir frömmelt.

Günter Grass

Karl Ederer

Steinbutt im Schweinenetz
Für 4 Personen

1	Steinbutt von etwa 1,6 kg
250 g	Spinat
4	Tomaten
20 g	geröstete Weißbrotwürfel
4 cl	Crème double
	Salz, Cayenne, Zitronensaft
1	Schweinenetz
1	Knoblauchzehe
	Pfeffer
6 EL	Öl
25 g	Butter

Dem Steinbutt die Flossen und Kiemen abschneiden. Die Filets der weißen Seite auslösen und in 1 cm große Würfel schneiden.

Spinat putzen, waschen, blanchieren, in Eiswasser erkalten lassen, abtropfen, ausdrücken und klein schneiden. Tomaten in kochendes Wasser halten, die Haut abziehen, entkernen und in kleine Würfel schneiden. Weißbrotwürfel, ca. 1 cm groß, in Butter rösten. Alle Zutaten und die Crème double mischen und mit Salz, Cayenne und Zitrone würzen.

Ein frisches, gut gewässertes Schweinenetz auf dem Tisch auslegen (50 cm breit und 50 cm lang). Mit einem Tuch trocknen. Darauf den Steinbutt legen, mit der braunen Seite, die vorher mit einer Knoblauchzehe eingerieben wurde, nach unten. Die Oberseite mit Salz und Pfeffer bestreuen, die Füllung gleichmäßig der Form entsprechend verteilen. Das Netz nicht zu streng darüber legen und seitlich andrücken. In einer entsprechenden Bratpfanne das Öl erhitzen, den Steinbutt einlegen, die Füllung nach oben. Im Rohr bei 200 Grad 15-20 Minuten braten, je nach Dicke des Steinbutts. Nach der Hälfte der Bratzeit 25 g Butter zugeben und dann immer wieder mit dem Bratensaft übergießen. Zur genauen Kontrolle empfiehlt sich eine Nadelprobe.

2003 Chardonnay „Vieilles Vignes" Cuvée Gérard Potel, Nicolas Potel, Burgund

Es präsentiert sich hier ein Bourgogne Chardonnay „Vieilles Vignes" mit einer perfekten Ausgeglichenheit, Fruchtintensität und Länge, den Nicolas Potel seinem viel zu früh verstorbenen Vater Gérard gewidmet hat, der mit seinen großen Weinen der Domaine de la Pousse d'Or Maßstäbe im Burgund gesetzt hat.

Martin Fauster

Gebratener Steinbutt mit Artischocken und Carripoule
Für 4 Personen

4	Steinbutt-Tranchen à 140 g
	Salz, Pfeffer und Olivenöl
16	kleine Artischocken
2	Schalotten
1	Knoblauchzehe
1	Zitrone
1	Thymianzweig
	Olivenöl
	Steinbutt- oder Seezungenabschnitte
3	Schalotten
5	Champignons
2	Tomaten
50 g	Stangensellerie
6 EL	Butter
1	Lorbeerblatt
1/2 l	Geflügelfond
1/8 l	Rotwein
1/8 l	Portwein
15	Carripouleblätter
	Thymian, Salz, Pfeffer

Für den braunen Fischfond die Fischabschnitte in Olivenöl anbraten, im vorgeheizten Backofen bei 180 Grad goldbraun rösten. Die geschnittenen Schalotten mit Champignons und Stangensellerie in einem Topf mit Butter glasig anschwitzen. Kräuter und Gewürze hinzufügen.

Die Fischabschnitte mit den geviertelten Tomaten dazugeben, weiter rösten, mit einem Teil des Rot- sowie des Portweins ablöschen und reduzieren lassen. Mit Geflügelfond auffüllen und 15 Minuten leicht köcheln lassen. Den Fond passieren.

Für die Soße Rot- und Portwein reduzieren, mit dem braunen Fischfond auffüllen und erneut reduzieren lassen. Die Carripouleblätter darin 10 Minuten ziehen lassen. In der Zwischenzeit 3 Esslöffel Butter langsam erhitzen, bis diese eine hellbraune Farbe annimmt.

Die Soße mit der Nussbutter fertigstellen.

Die kleinen Artischocken putzen, mit Zitronensaft einreiben und mit den geschnittenen Schalotten, dem Thymian sowie der angedrückten Knoblauchzehe anschwitzen. Salzen, pfeffern, mit Geflügelfond auffüllen und 5 Minuten kochen lassen.

Die Steinbutt-Tranchen salzen und pfeffern, in Olivenöl beidseitig anbraten und im vorgeheizten Backofen bei 180 Grad 4-5 Minuten fertig garen.

Die Artischocken auf dem Teller verteilen, die Steinbutt-Tranchen darauf setzen und mit der Soße fertigstellen.

Der inspirierende Geruch nach Nüssen, Kaffee und grünem Tee sowie der außergewöhnliche Geschmack des Carripouleblattes erinnern mich sehr an meine Zeit in Frankreich, in welcher ich zum ersten Mal mit diesem Gewürz in Berührung gekommen bin und feststellen durfte, auf welche besondere Art Carripoule und Steinbutt miteinander harmonieren.

2004 Bürgstadter Centgrafenberg, Weißer Burgunder, Paul Fürst, Franken

Paul Fürst wird hoch gelobt und ist vor allem bekannt durch seine Früh- und Spätburgunder. Doch auch seine Weißweine haben große Klasse. Sein Weißer Burgunder ist im Barrique gereift und hat eine sehr üppige, fast süße Nase mit dezenten Obstaromen. Die gut eingebundene Säure bildet einen hervorragenden Kontrast zu seiner Opulenz.

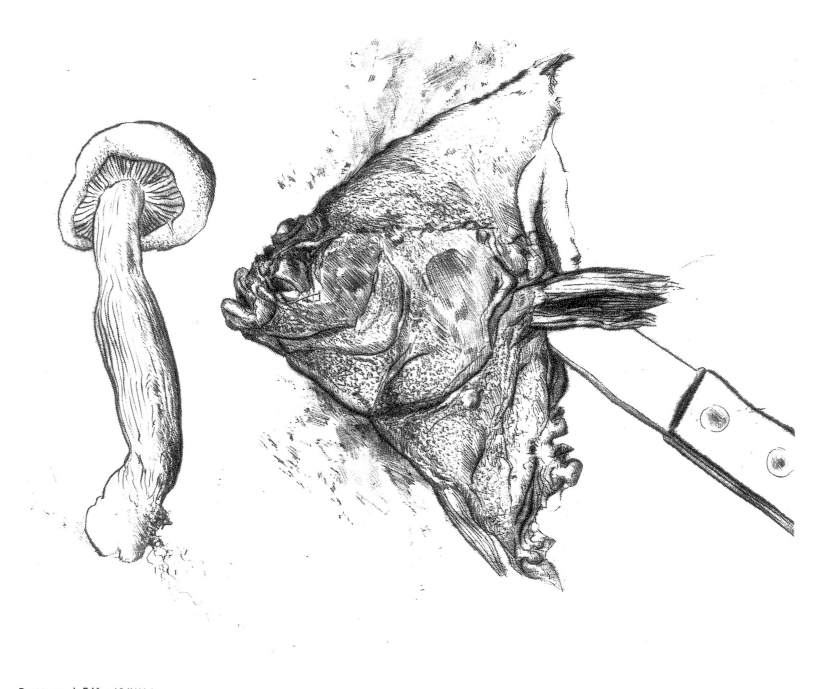

Butt und Pilz (1976)

Georg Flohr

Steinbutt mit Rote Bete
Für 4 Personen

600 g	Steinbutt mit weißer Haut
	Salz
	weißer Pfeffer
2 EL	Olivenöl

für den Rote-Bete-Sud

500 g	Rote Bete
2 EL	Sherryessig
50 ml	roter Portwein
	Salz, Pfeffer
1 EL	Stärke
3 EL	Rotwein
150 g	Crème Fraîche

Das Steinbutt-Filet in 4 gleich große Stücke schneiden, mit Salz und Pfeffer würzen. Das Olivenöl in einer Pfanne erhitzen, die Filets darin auf der Hautseite ca. 4 Minuten braten, wenden und nochmals 1 Minute braten.

Die Rote Bete schälen, 1 Knolle in feine Streifen schneiden und beiseite stellen. Den Rest grob reiben oder durch den Fleischwolf drehen und in ein sauberes Küchentuch geben. Den Saft auspressen. Den Saft mit Sherryessig und Portwein vermischen, mit Salz und Pfeffer würzen und aufkochen. Die Stärke mit dem Rotwein anrühren, in den kochenden Fond geben, damit dieser bindet, und die Rote-Bete-Streifen darin bissfest garen. Den Rote-Bete-Sud in einen tiefen Teller gießen und den gebratenen Steinbutt darauf geben. Mit etwas glatt gerührter Crème Fraîche umgießen.

Wir empfehlen dazu Kartoffelpüree.

Buttfische mag ich, weil die Augen wandern. In der Jugend schauen sie nach links und rechts – im Alter nach oben.

2002 Cuvée C, Fürstlich Castell'sches Domänenamt, Franken

Die Cuvée C besteht aus einer Selektion der Rebsorten Spätburgunder 15%, Domina 40% und Dornfelder 35%. Die Trauben hatten alle einen Öchslegehalt von über 95°. Der Wein ist geprägt von seinem 18-monatigem Ausbau im Barrique, beeindruckt durch Brombeer-, Vanille- und Röstaromen und begleitet dieses Butt-Rezept ideal.

Jörg Glauben

Steinbutt „à la Viennoise"
Sauté von Artischocken, Sellerie und Maronen
Gänselebersoße mit Süßholz
Für 4 Personen

Zutaten für 4 Personen
4	Filetstücke vom Steinbutt (keine Zuchtware) à 140 g
100 g	Butter
15 g	Parmesan
50 g	Weißbrot ohne Rinde, fein gerieben
25 g	Brioche ohne Rinde, fein gerieben
1 EL	Würfel vom schwarzen Trüffel, fein geschnitten
1 TL	Thymian, fein gehackt sowie
1	Thymianzweig

Für die Soße
4 cl	Noilly Prat
4 cl	Porto weiß
1	Schalotte, in Würfel geschnitten
50 g	Geflügelfond, hell
120 g	Sahne
40 g	Gänseleberterrine
1 TL	Süßholzpaste
50 g	Kalbsglacé, mit Trüffeljus verfeinert
80 g	Artischocken, gekocht und in Würfel geschnitten
80 g	Sellerie, blanchiert und in Würfel geschnitten
80 g	gekochte Maronen, in Würfel geschnitten
	Distelöl, Haselnussöl, Butter, alter Balsamico
	Salz, Pfeffer aus der Mühle, Zucker

Um die Kruste herzustellen, Butter im Topf zerlassen, Weißbrot- und Briochewürfel einrühren, dann Parmesan, Trüffel und Thymian unterheben, pfeffern und leicht salzen. Kalt stellen und zwischen Backpapier mit einem Wellholz dünn ausrollen.
Für die Soße Noilly Prat, Portwein und Schalotten um die Hälfte einkochen, Geflügelfond zugeben, um die Hälfte reduzieren, Sahne zugeben und nochmals einkochen. Mit der Gänseleberterrine und der Süßholzpaste glatt mixen und passieren.
Mit Salz und Pfeffer würzen.
Den Steinbutt salzen und in Distelöl glasig braten, dabei den Thymianzweig mit in die Pfanne geben. Darauf achten, dass der Fisch nur leicht gebräunt wird.
Haselnussöl mit Butter erwärmen, etwas Zucker zugeben und das Gemüse kurz anbraten, dann salzen und pfeffern, zum Schluss einige Spritzer alten Balsamico zugeben.
Die Kruste in Größe des Steinbutt-Filets zurechtschneiden, dieses damit belegen und unter dem Grill goldbraun werden lassen.
Den Fisch im tiefen Teller auf dem Gemüse platzieren, mit der Gänseleber-Süßholzsoße umgießen (kurz vor dem Angießen nochmals aufmixen) und mit der Trüffelglacé beträufeln.

2002 Manna, Franziskus Haas, Südtirol

Manna ist der Familienname der Frau von Franziskus Haas, der er diesen Wein gewidmet hat. Die Traubenzusammensetzung ist ziemlich eigenwillig: 50 % Rheinriesling, 25 % Traminer, 20 % Chardonnay und 5 % Sauvignon. Diese Trauben wachsen alle im Höhengebiet von Montan zwischen 350 m und 400 m und ergeben einen Wein mit unglaublich exotischer Prägung und viel Eleganz.

Marc Haeberlin

Geschmorter Steinbutt mit Pfifferlingen, Garnelen in Champagnersoße
Für 4 Personen

1	Steinbutt von ca. 1,5 bis 2 kg (im Ganzen, geputzt und gewaschen)
2	Schalotten, klein geschnitten
0,5 l	Champagner Brut
1 l	Sahne
6 EL	Olivenöl
80 g	Butter (kalt)
100 g	Garnelen, gepult
3	Knoblauchzehen (nicht geschält)
500 g	Pfifferlinge sauber, gewaschen
1 Bund	Schnittlauch

Den Steinbutt in einem Bräter mit Olivenöl kurz anbraten, zuerst die weiße Haut, danach umdrehen (Steinbutt kurz vorher mit Salz und Pfeffer würzen).

Knoblauch dazugeben.

Den Steinbutt bei 220 Grad 10 Minuten braten.

Die Schalotten dazugeben, anschwitzen lassen, danach die Pfifferlinge hinzugeben.

Mit Champagner ablöschen und Sahne dazugießen.

Das Ganze wieder für 10 Minuten in den Ofen geben.

Danach den Steinbutt auf eine Platte legen.

Die Soße mit den Pfifferlingen einreduzieren lassen.

Mit Salz und Pfeffer würzen.

Die Soße mit der Butter montieren.

Wenn nötig nachwürzen.

Die Garnelen dazugeben, aber nicht mehr kochen lassen.

Schnittlauch (klein geschnitten) dazugeben.

1999 Riesling Grand Cru „Hengst", Josmeyer, Elsass

Der Riesling zeigt in seiner Jugend einen ungezähmten Charakter, durchaus an den Namen des Weinbergs „Hengst" erinnernd. Gereift aber unterstreicht er dieses Gericht – obwohl mit Champagner zubereitet – auf allerfeinste Art. Respekt für die Natur ist die Voraussetzung für die Qualität der Weine von Jean Meyer.

Alexander Herrmann

Gerösteter Steinbutt mit Zitronenthymianöl, Kalbskopfragout und mit Safran-Sauerkraut gefüllte Semmelkrokette
Für 4 Personen

4	Tranchen (4,5-5 cm dick) Steinbutt à 140 g
etwas	„doppelgriffiges" Mehl zum Bestäuben
20 g	Butterschmalz
8	Zweige Zitronenthymian
1	Zitronenschale (ca. „2-Euro-Stück-groß")
4	schwarze, aromatische Pfefferkörner
1	Lorbeerblatt
1	Wacholderkorn (angedrückt)
9 cl	kalt gepresstes Olivenöl, beste Qualität mit einer herben, leicht bitteren Note! Nicht zu „grasig"
140 g	fertiges, nicht zu flüssiges Kalbskopfragout (das Fleisch in 5 x 5 mm kleine Würfel geschnitten)
1	Serviettenknödel, fertig gegart und ausgekühlt. Länge 18 cm, Durchmesser 10 cm
2 EL	„neutrale" Geflügel- oder Fischfarce
45 g	gewässertes Sauerkraut
1	mittelgroße Schalotte, in feinste Würfel geschnitten
7 cl	trockener Weißwein (nicht zu säurebetont)
280 ml	Gemüsebrühe
38-50	Safranfäden (je nach Intensität bzw. Qualität)
1	Scheibe Frühstücksspeck (ca. 14 g)
6	Kümmelkörnchen
8-10 g	braunen Rohrzucker
3	Blatt Gelatine
30 g	Butterschmalz

Den Steinbutt von beiden Seiten wie gewohnt mit Salz würzen, die Grätenseite mit Mehl dünn bestäuben und auf der mehlierten Seite in einer beschichteten Pfanne (Durchmesser 22 cm) mit dem Butterschmalz bei milder Herdtemperatur sehr langsam (7-9 Minuten) braten. Der Fisch soll nicht gewendet werden, d. h. die Temperatur stets so kontrollieren, dass auf der Bratseite eine goldbraune, krosse, dünne Schicht entsteht (dünn, sonst wird der Fisch trocken und faserig) und der Rest des Fisches durch die Brathitze wie beim gewohnten Niedertemperaturgaren glasig wird.

Zitronenthymianöl

Die Thymianblättchen von den Stielen zupfen und zusammen mit Zitronenschale, Pfefferkörnern, Lorbeerblatt, Wacholder und Olivenöl in einem Töpfchen (Durchmesser 8 cm) 20 Minuten lang bei 60 Grad erwärmen, dann 6 Stunden ziehen lassen, anschließend alle Zutaten außer den Thymianblättchen aus dem Öl entfernen.

Gefüllte Semmelkrokette

In einem kleinen Töpfchen (Durchmesser 15 cm) den Rohrzucker mit dem Kümmel karamellisieren, Schalottenwürfel hinzufügen, kurz durchrühren, mit Weißwein ablöschen, Sauerkraut, Brühe und Speckscheibe dazugeben, aufkochen, Deckel darauf setzen und 35 Minuten am Herdrand ganz leicht köcheln – eher ziehen – lassen. Nun den Speck entfernen, mit einem Pürierstab fein mixen, durch ein Sieb gießen, mit Safranfäden aufkochen, mit Salz – gegebenenfalls Pfeffer – abschmecken und 6 Minuten ziehen lassen. Währenddessen die Gelatine in Wasser

einweichen, gut ausdrücken, im heißen Sud auflösen, in ein kleines, tiefes Gefäß umfüllen und kalt stellen. Nachher in 4 Balken 1 x 1 x 8 cm schneiden. Vom Serviettenknödel nun 4 rechteckige Scheiben (3 mm dünn x 10 x 11 cm) und jeweils einen „Safran-Sauerkraut-Sud-Balken" darin einwickeln, das überlappende Ende mit Farce bestreichen. Nun jeweils zwei runde Semmeltalerstückchen ausstechen (so, dass die Krokette von beiden Seiten geschlossen werden kann), großzügig mit Farce bestreichen und verschließen.

Kurz vor dem Servieren in einer Pfanne (Durchmesser 22 cm) mit dem Butterschmalz von allen Seiten kross anbraten bzw. frittieren, auf Küchenkrepp abtropfen lassen und noch 4 Minuten bei 140 Grad Umluft fertig backen.

Zum Anrichten

Den Steinbutt mit der gebratenen Seite nach oben auf die Teller legen, jeweils einen Teelöffel Thymianöl ringsherum träufeln, einen guten Esslöffel (35 g) Kalbskopfragout mittig auf den Fisch geben, die Semmelkrokette darauf setzen und sofort servieren.

2004 Escherndorfer Lump, Silvaner Spätlese trocken, Horst Sauer, Franken

Seit mehr als tausend Jahren prägt ein individuelles Kleinklima die herausragende Lage Lump. Wie ein Parabolspiegel öffnet sich der Steilhang nach Süden, sammelt alle Sonnenstrahlen ein und schützt die Reben vor kalten Nord- und Ostwinden. Dieses Terroir bringt Weine mit unverwechselbarer, konzentrierter Frucht und hoher Lebensdauer hervor. Horst Sauers Silvaner sind (vielleicht) die Besten der Welt. (GaultMillau)

BUTT ÜBER MØN

Noch immer hat er die Übersicht,
aber er sagt mir nichts mehr.
Und von Ilsebill weiß man,
daß sie von ihrem Fischer getrennt,
ganz für sich lebt
und seitdem wunschlos ist.

Günter Grass

Herbert Hintner

Minzrisotto mit Steinbutt in der Pfeffermelange
Für 4 Personen

1	Steinbutt von ca. 1,5–2 kg
etwas	Meersalz und Olivenöl aus Kampanien

Minzbutter
- 100 g Butter (Zimmertemperatur)
- 30 g blanchierte Minzblätter
- 10 g frische Minzblätter
- 1 Schale Zitrone
- 20 g Zitronensaft
- 10 g Zucker

Risotto
- 280 g Carnaroli-Reis aus der Lombardei
- 1 l Gemüsefond
- 80 g geriebenen Parmesankäse
- Olivenöl, Salz und Pfeffer

Pfeffermelange
zu gleichen Teilen aus
Malabar-Pfeffer
Cubeben-Pfeffer
Langen-Pfeffer

Minzbutter

Zitronensaft mit dem Zucker aufkochen und auskühlen lassen. Butter, Minzblätter (blanchierte und frische), die geraspelte Zitronenschale und den ausgekühlten Zitronensaft gut vermengen und im Kühlschrank bei 4 Grad ca. 1 Stunde kühlen lassen. Nachher in einen Mixer geben und so lange gut verrühren, bis eine schaumige Minzbutter entsteht. Im Kühlschrank bei plus 2 Grad 3 Stunden kühlen lassen.

Risotto

Olivenöl in einem Topf leicht erhitzen, den Reis dazugeben und ca. 1 Minute glasig dünsten. Mit dem Gemüsefond aufgießen, so dass der Reis bedeckt ist, mit Salz und Pfeffer würzen, immer wieder umrühren und den Gemüsefond nach und nach dazugeben. Dieser Vorgang dauert ca. 13-15 Minuten. Wenn der Reis gekocht ist, mit der kalten Minzbutter und dem Parmesankäse glatt rühren.

Steinbutt

Den Steinbutt filetieren, die Haut entfernen und in gleichmäßige Stücke schneiden. In Olivenöl auf beiden Seiten gut anbraten, ohne Farbe zu geben, mit Meersalz würzen und in der Pfeffermelange wälzen.

2000 Batàr, Querciabella, Toskana

Die feine Cuvée aus Chardonnay und Pinot Bianco aus biologisch-dynamischem Anbau reift im Barrique. Der vollmundige, ausgewogene Geschmack klingt mit einer schönen Länge aus und trägt das anspruchsvolle Gericht meines Freundes Herbert auf ebenso anspruchsvolle Weise.

Alfred Klink

Steinbutt-Filet mit Curry-Zwiebelconfit auf Zitronengrasjus mit weißem Bohnenpüree und Ratatouillegemüse
Für 4 Personen

4	Steinbutt-Filets à 80 g
	Meersalz
	Pfeffermühle
20-30 ml	Fischfond
	kleinste Prise Safran
	Olivenöl
1	halbe Zitrone

Fischfond aufkochen, kleinste Prise Safran beigeben und 2-3 Minuten ziehen lassen. Den Safranfond auf eine etwas vertiefte Platte gießen, erkalten lassen und die Steinbutt-Filets darauf mit der Filetinnenseite nach unten legen. Sie sollten ca. 10 Minuten im Fond liegen.
Die Steinbutt-Filets in eine Teflonpfanne mit Olivenöl geben. Zuerst auf der Safranseite, dann auf der hellen Seite fertig braten. Mit etwas Zitronensaft beträufeln.

2	Zwiebeln = (250 g kleine Würfel)
3 EL	Olivenöl
1 Msp	Madras-Curry
eine halbe zerdrückte Knoblauchzehe	

Curry-Zwiebelconfit
Die Zwiebel in kleine Würfel schneiden, in Olivenöl anschwenken, leicht salzen und pfeffern, dann zugedeckt im Ofen 20-25 Minuten gut garen. Herausnehmen, zerdrückten Knoblauch und Curry beigeben und wieder durchschwenken. Mit 1 Teelöffel Ananas-Mango-Chutney, Salz und Pfeffer abschmecken.

50 ml	helle Kalbsjus
	Noilly Prat
	Weißwein
	Olivenöl
	Zitronengras

Zitronengrasjus
Noilly Prat und Weißwein mit Zitronengras reduzieren. Mit Kalbsjus auffüllen und kurz ziehen lassen, passieren und mit Olivenöl aufmixen.

400 g	weiße Bohnenkerne
1	Zwiebel
	Bouquet garni
1	Knoblauchzehe
	Olivenöl
	Geflügelfond
	Crème Fraîche

Weißes Bohnenpüree
Die weißen Bohnenkerne gut einweichen. Die Zwiebel in feine Würfel schneiden, in Olivenöl anziehen, Knoblauchzehe beigeben und mit Geflügelfond auffüllen. Bouquet garni dazugeben und die Bohnen bei schwacher Hitze köcheln lassen. Wenn sie weich gekocht sind, durch ein Haarsieb passieren und mit etwas Salz und Pfeffer würzen und zum Schluss mit Crème Fraîche verfeinern.

1/4	rote Paprika
1/4	gelbe Paprika
1/4	Zucchini
1/2	Knoblauchzehe
	Olivenöl
	Salz, Pfeffer

Ratatouille

Die Paprika schälen, entkernen und in feine Rauten schneiden. Von der Zucchini etwas Kerngehäuse herausnehmen und dann ebenfalls in feine Rauten schneiden. Die Schalottenwürfel in Olivenöl anziehen, Paprika beigeben und bissfest glacieren. Geschnittene Zucchini ebenfalls in Olivenöl anziehen. Beides zusammengeben und mit Knoblauch, Salz und Pfeffer aus der Mühle abschmecken.

Anrichten

Das gebratene Steinbutt-Filet auf den heißen Teller legen, darauf eine Nocke des Curry-Zwiebelconfits. Das weiße Bohnenpüree und Ratatouillegemüse platzieren und die Zitronengrasjus daneben anrichten.

2004 Grauburgunder Spätlese trocken, Martin Wassmer, Baden

Ein Grauburgunder, der in seiner Charakteristik und seiner Opulenz einem großen Burgunder gleicht. Die Rebstöcke für diesen Wein sind mindestens 35 Jahre alt. Um einen konzentrierten und kraftvollen Wein zu erzeugen, wurde der Ertrag auf 35 l pro Hektar begrenzt. Vom Jahrgang 2004 wurden deshalb auch nur ca. 800 Flaschen erzeugt.

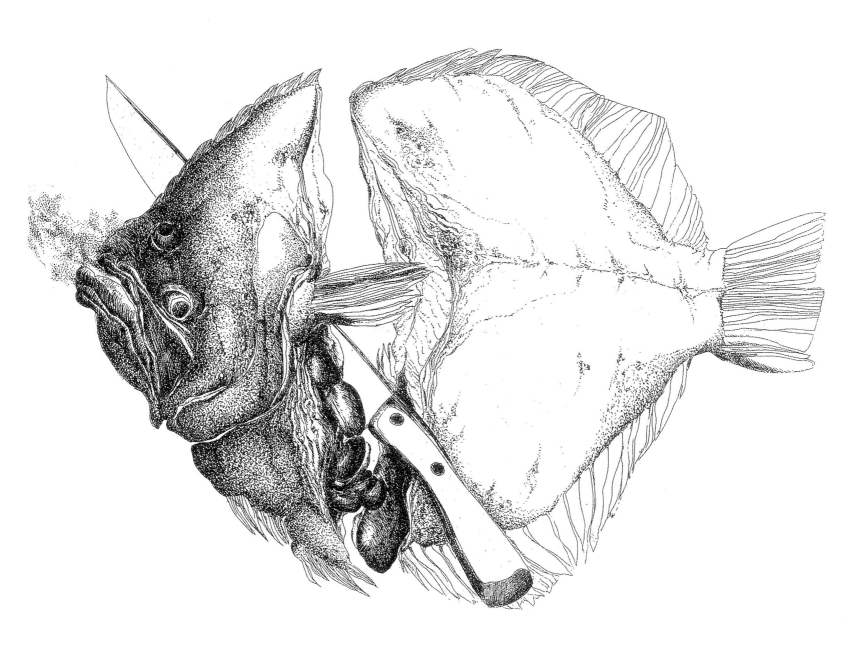

Butt mit Messer (1977)

aus: Günter Grass, In Kupfer auf Stein
© Steidl Verlag, Göttingen 1994

Vincent Klink

Gefüllter Steinbutt im eigenen Fond
Für 8 Personen

1	Steinbutt von 3,5-4 kg
3	Schalotten
1	Knoblauchzehe, fein gewiegt
3/4 l	weißen Burgunder
2 cl	Ricard oder Pernod
3 Blatt	Salbei
4 EL	Ahornsirup
1	Lorbeerblatt
1 Stange	Staudensellerie, fein gewürfelt
	Äpfel
	schwarzer Pfeffer, Meersalz, Saft und Schale einer Zitrone

Dieser Fisch reicht für mindestens 8 Personen, ist also ein Gericht für die große Tafel. Der Butt ist das ideale Opfertier für den besonderen Anlass, und der ist eigentlich immer gegeben. Er wird der Fasan des Meeres genannt und ist sicher der feinste Seefisch überhaupt. Ideal eignet er sich zum Zwecke der Versöhnung, um Gegner friedlich zu stimmen oder um sie zu beeindrucken.

Als Plattfisch wird er senkrecht schwimmend geboren. Dann legt er sich flach. Er passt seine Farbe der Umgebung an und lässt sich kleine Steinchen unter die Haut wachsen, winzige Hornhöcker. Er legt sich in die Strömung, die ihm leichte Beute vors Maul treibt. So wird er zum Einzelgänger und schließlich zum Melancholiker mit beleidigt herabgezogenen Mundwinkeln. Tröstlich wäre, erführe der große Fisch nach seinem Tod von diesem Rezept:

Wir benötigen für dieses Gericht in klassischer Manier eine rautenförmige Kasserolle mit Deckel.
Zuerst geben wir die fein gehackten Schalotten, den Knoblauch, Wein, Pastis (Pernod etc.) und die Würzkräuter in ein Töpfchen. Mit einem Viertel Liter Wein aufgießen und auf großer Flamme so weit einkochen, bis das Elixier zu dickflüssiger Konsistenz gerät. Nun kommen Staudensellerie in den Topf und wenig später die Äpfel. Etwas geriebene Zitronenschale und der Saft der Zitronen geben dem Gebrodel ätherische Frische. Auf großem Feuer wieder dickflüssig einkochen. Zur Seite stellen und abkühlen.

Dem Steinbutt guillotinieren wir mit einem runden Schnitt den Kopf. Mit einem langen Filetiermesser fahren wir von der Kopfseite am Mittelknochen in Richtung Schwanz, sozusagen am Rückgrat entlang. Es ist besser, man hält zu tief, rammt also lieber den Knochen, als dass die Haut nach oben durchstochen wird. Die Spitze des Messers wird nun gegen die äußeren Strahlenflossen geführt. Mit der Hand können wir nun raumgreifend zwischen Gräten und Fleisch fahren, bis hin zum Rand, wo Fleisch in Flosse übergeht. Haben wir die eine Seite unterminiert, drehen wir den Fisch um und arbeiten uns auf der anderen Seite ebenso bis zu den allseitigen Flossen vor.

Nun wackelt die Knochenkarkasse zwischen dem Fleisch, und mit einer Rosenschere (oder Geflügelschere) zerkleinern wir das Gerüst und entnehmen die Gräten. Hat man das Gröbste entfernt, so dreht man das Tier um. Mit der Schere werden die Gräten am Rand so kurz wie möglich gestutzt. Das Fleisch mit Meersalz und Pfeffer bestreuen. Man könnte ihn nun mit Fischmus ausstopfen, wie das im „Ancien Régime" die große Mode war. Wir wählen die moderne Methode des Marinierens und verteilen das Elixier im Fischbauch.

Eine fein geschnittene Schalotte wird in die Turbotière gestreut. Dieses Spezialgerät hat auf dem Boden ein Lochgitter. Das bleibt dort, wo es ist. Wir gießen den restlichen Wein darüber und betten den Butt darauf. Den Kopf legen wir dazu. Der Butt wird nun gedeckelt und in den auf 180 Grad vorgeheizten Ofen geschoben. Möglichst weit oben, denn die untere Seite des Fisches, die weiße Flanke, ist nur halb so dick wie die obere dunkelgraue mit den Hornhöckerchen. Also mehr Oberhitze. Eine Dreiviertelstunde lassen wir ihn vor sich hinbruten. Den Fond gießen wir vorsichtig in eine kleine Kasserolle. Der Fisch wartet bei geschlossenem Deckel. Der Fond wird aufgekocht. Wir geben nach und nach die vorbereiteten Butterstückchen hinzu. Sie emulgieren nur, wenn der Fond immerfort sprudelt, wenn nicht, muss heftigst gerührt werden. Also die Butter nur nach und nach zugeben. Die Soße probieren, vielleicht noch mit etwas Salz würzen – und fertig. Der Steinbutt wird am Tisch mit dem rombenförmigen Sieb angehoben, auf ein Holzbrett gelegt und zerlegt. Nur noch die Flossengräten säumen ihn. Die Strahlengräten wandern in den Abfall. „Mon Dieu" hätte Ludwig XIV. aufgeschrien. Sie abzufieseln, darum haben sich Gourmets in früheren Zeiten duelliert. Der Kopf mit seinen Backen gebührt der Köchin oder dem Chef der Köchin, falls Steinbuttköchinnen übergeordnete Chargen überhaupt akzeptieren.

2000 Clos de la Coulée de Serrant, Nicolas Joly, Loire
Nicolas Joly, der geniale Vordenker des bio-dynamischen Weinbaus in Frankreich, erzeugt seit 1980 ohne jeglichen Einsatz von Pestiziden oder sonstiger chemischer Produkte von über 70 Jahre alten Chenin-Blanc-Reben diesen immens komplexen Wein, der schon für sich alleine gestellt eine Herausforderung für den aufgeschlossenen Weinfreund ist. Durch seine reifen Apfel- und Honigtöne ergänzt er sich mit dieser Butt-Zubereitung allerbestens.

Claus-Peter Lumpp

Bretonischer Steinbutt mit Périgord-Trüffel
Für 4 Personen

600 g	Steinbutt-Filet
100 ml	Trüffelsaft
20 ml	Kalbsglace
80 g	Périgord-Trüffel
50 g	Rosenkohlblätter
	Kartoffel
	Butter
	Milch
	Schlagsahne
	Puderzucker
	Salz und Pfeffer

Das Steinbutt-Filet in 4 gleichmäßige Stücke schneiden und mit Salz und Pfeffer würzen.
Kartoffeln schälen und in Salzwasser abkochen, mit Milch und Butter ein luftiges Kartoffelpüree herstellen.
Rosenkohlblätter in Butter ansautieren, mit etwas Puderzucker, Salz und Pfeffer würzen, mit Brühe ablöschen und weich glacieren, zum Schluss mit 1 Esslöffel Schlagsahne fertigstellen.

Das Steinbutt-Filet in brauner Butter von beiden Seiten anbraten, mit dem Trüffelsaft und Kalbsglacé ablöschen, Périgord-Trüffel in nicht zu dünne Scheiben hobeln und die Steinbutt-Filets damit belegen, permanent mit dem Braten-Trüffelsaft übergießen, bis die Steinbuttfiltes gar sind. Steinbutt aus der Pfanne nehmen und auf dem Kartoffelpüree anrichten, nun den restlichen rohen Trüffel hacken und in den Braten-Trüffelsaft geben, mit ein paar Butterflocken montieren und den Steinbutt damit nappieren, mit Rosenkohlblättern fertigstellen.

2002 Chardonnay Réserve, Marjan Simçiç, Slowenien
Eine Entdeckung aus dem slowenischen Collio-Gebiet. Dieser Chardonnnay von alten Reben ist ein kräftiger Wein, vom Eichenholz geprägt, mit großer Komplexität und Harmonie nach burgundischem Vorbild, auf „Grand-Cru-Niveau".

Dieter Müller

Steinbutt-Filet mit Staudensellerieschuppen
auf Estragonfumet mit Ravioli von Meeresschnecken
Für 4 Personen

4	Steinbutt-Filets à 100 g
6	Staudenselleriestängel, schön grün und zart
2 EL	Selleriepüree
2	Strauchtomaten, enthäutet

Die Staudenselleriestangen auf der Aufschnittmaschine in schöne Scheibchen von 1,5 mm Stärke schneiden, in kochendem Salzwasser 30 Sekunden bissfest kochen und schnell in Eiswasser abschrecken. Die Steinbutt-Filets mit Salz und Zitrone würzen, oben dünn mit Selleriepüree einstreichen und darüber schön die Staudensellerieschuppen fächern.

4	Meeresschnecken, groß, Bulot
500 g	Meeresschnecken, klein, Bigarneaux
200 g	Mirepoix von Schalotten, Fenchel, Karotten und Staudensellerie
1	Knoblauchzehe
1	Estragonzweig
1	Zitronenthymianzweig
1 dl	Noilly Prat
25 cl	Weißwein
25 cl	Fischfond

Meeresschnecken

Die Schnecken einen Tag in leichtem Salzwasser kühl stellen (so säubern sie sich). Danach mit einem Schaumlöffel aus dem Wasser nehmen. In einem Topf Olivenöl erhitzen, Mirepoix und Knoblauch darin anschwitzen. Schnecken, Estragon und Thymian zugeben, gut vermischen und Weißwein, Noilly Prat und kalten Fischfond zugeben. Abgedeckt langsam aufkochen, danach ca. 35 Minuten bei kleiner Hitze ziehen lassen. Die Schnecken wiederum mit einem Schaumlöffel aus dem heißen Fond nehmen. Die Schnecken mit einem Spieß aus dem Gehäuse ziehen und in einem Teil des fein passierten Fonds bis zum Gebrauch aufbewahren.

3 dl	Meeresschneckenfond
10 cl	Noilly Prat
100 g	Butterwürfelchen, kalt
	Salz und weißer Pfeffer aus der Mühle
1 TL	Speisestärke
3	Estragonzweige

Estragonfumet

Nebenbei den Schneckenfond mit den Estragonstielen auf 1 dl einköcheln lassen, den Noilly Prat auf die Hälfte einkochen und beides zusammen mit angerührter Stärke leicht binden, Butterwürfelchen einrühren und mit Salz und Pfeffer abschmecken.

100 g	Fischfarce
1 TL	Bärlauchpesto
1 EL	Kräuter, fein geschnitten (Blattpetersilie, Kerbel, Zitronenthymian, Basilikum)
100 g	Nudelteig
1	Eigelb mit 1 EL Milch
1 EL	Olivenöl
	Salz und Pfeffer

Ravioli von Meeresschnecken

Für die Raviolifüllung die kalte Fischfarce auf Eis mit den gut abgetropften Schnecken, Kräutern und dem Bärlauchpesto vermischen. Mit Salz und Pfeffer gut würzen, die Masse auf Alufolie geben und zu einer straffen Rolle von 4 cm Durchmesser aufdrehen. Diese im Tiefkühlfach gerade angefrieren.

Nebenbei den Nudelteig zubereiten, dünn ausrollen und 8 Teigplatten von 9 cm Durchmesser ausstechen. Halbseitig dünn mit Ei-Milch-Mischung bestreichen und je darauf eine 4 mm dicke Scheibe von der Schneckenfarce platzieren. Die Nudelhälfte überklappen und an den Seiten festdrücken. Auf Backpapier mit etwas Weizengrieß kühl stellen. Zum Servieren die Ravioli in siedendem Salzwasser mit einem Esslöffel Olivenöl für 3-4 Minuten garen.

Für die Ravioli kann man 2 farbige Nudelteige ebenfalls zu Schnecken rollen und dann weiterverarbeiten, das sieht schön aus und passt gut zum Schnecken-Thema.

Anrichten

Die Fischfilets auf eine gebutterte Pfanne legen, einen Spritzer Weißwein und etwas Fischfond zugeben und im Backofen bei 190 Grad etwa 8 Minuten garen. Warme Tomatenwürfel auf Teller platzieren, erwärmte, große halbierte und kleine Schnecken anlegen. Ravioli und Fischfilet auflegen und mit aufgeschäumtem Estragonfumet mit frisch geschnittenem Estragon servieren.

2004 Homburger Kallmuth, Silvaner Spätlese „Asphodill", Fürst zu Löwenstein

Der Kallmuth ist einer der ältesten Weinberge Frankens und ist im Alleinbesitz des Fürsten zu Löwenstein.
Der Name Asphodill stammt von einer seltenen Lilienart, die aufgrund der besonderen klimatischen Verhältnisse nur in dieser Lage wächst. Durch seine runde und stoffige Art mit feinen vegetalen Noten fügt er sich ideal in diese Kreation ein.

STEINPILZE

Immer größer erinnern wir sie.

Damals, als uns das Glück schlug.

Heute kaufen wir teuer ein

und kochen nach Rezept.

Günter Grass

Hermann Pflaum

Steinbutt gebraten in Safranfond
mit Rosmarinpüree, gerösteten Spinatblättern und Pinienkernen
Für 1 Person

90-100 g	Steinbutt
1/4	Chilischote
	Olivenöl
1 TL	Pinienkerne
20 g	Spinat
100 g	gekochte Kartoffeln
1	Rosmarinzweig

Soße
1	Schalotte
20 g	Butter
30 g	Fischfond
30 g	Riesling
1/4	Kaffeelöffel Safran
30 g	Butter
30 g	Sahne
	Meersalz
1	Knoblauchzehe
	Olivenöl

2 Scheiben Steinbutt ca. 2 cm dick mit gehackter Chilischote, Salz und Pfeffer würzen – nur auf einer Seite mit Olivenöl braten.

Soße

Schalotten fein gehackt in Butter anschwitzen, mit Fischfond aufgießen, Frankenriesling dazugeben, Safranfäden sowie noch etwas Butter und Sahne einrühren, etwas einkochen lassen und dann fein mit wenig Meersalz abschmecken.
Knoblauch in feine Scheiben schneiden und in Olivenöl leicht braun rösten.
Kartoffeln mit Meersalz weich kochen und mit Presse durchdrücken, Butter dazugeben.
Sahne aufkochen, mit wenig Rosmarin in den Mixer geben und mit den Kartoffeln zu dünnem Brei verrühren.

Spinatblätter

mit Olivenöl in Pfanne rösten, wenig Meersalz und Pfeffer zugeben.

2004 Tauber Edition, Jürgen Hofmann, Fränkisches Taubertal

Eine Weißweincuvée aus Riesling und Silvaner zu gleichen Teilen. Alle Trauben stammen von der Lage Röttinger Feuerstein, in der gänzlich auf Insektizide und Herbizide verzichtet wird. Es werden pro Jahr nur ca. 1.000 Flaschen von diesem sehr feinen und duftigen Wein erzeugt.

Olaf Pruckner

Atlantik-Steinbutt mit Kartoffel-Trüffelsugo
Für 4 Personen

Sugo
300 g	Kartoffeln, fest kochend
2	Schalotten
30 g	Lauch (weiß)
30 g	Staudensellerie
	Olivenöl
1	Knoblauchzehe
1 l	Fischfond
1 l	Geflügelfond
1	Thymianzweig
	Salz, Pfeffer
ca. 40 g	Wintertrüffel schwarz, „Périgord"
0,1 l	Trüffelfond

Steinbutt
4	Steinbutt-Filets, küchenfertig à 120 g
	Thymian, Knoblauch

Sugo

Für den Sugo die Kartoffeln schälen und in Würfel von 1 cm schneiden und in kaltes Wasser legen. Schalotten, Lauch und Staudensellerie klein schneiden. Olivenöl erhitzen, Gemüse mit den Kartoffelabschnitten und dem Knoblauch ohne Farbe anschwitzen. Mit Fisch- und Geflügelfonds auffüllen und Thymian hinzugeben. Weich garen und passieren. Diesen Fond nochmals aufkochen und die Kartoffelwürfel darin garen. Mit Salz, Pfeffer und etwas Muskatnuss abschmecken. Den Trüffel ebenfalls würfeln. In einem Topf Butter aufschäumen lassen, Trüffelwürfel hinzugeben, mit dem Trüffelfond ablöschen und garen. Ebenfalls würzen und zu den Kartoffeln geben.

Steinbutt

Die Steinbutt-Filets mit Salz und Pfeffer würzen. In der Pfanne in heißem Olivenöl von beiden Seiten glasig braten und etwas frische Butter, Thymian und Knoblauch zugeben.

Anrichten

Kartoffel-Trüffelsugo auf einen Teller geben und den Steinbutt aufsetzen.

2003 Grand Étage Blanc, Weingut Heitlinger, Kraichgau in Baden

Erhard Heitlinger teilt seine Weine nach Qualitätsstufen in bestimmte „Etagen" ein. Die „Grand Étage", ein mächtiger Weißwein mit Eleganz, Fülle und Nachhall, ist das absolut Beste, was das Weingut zu bieten hat. Ein beeindruckendes Geschmackserlebnis.

Hubert Retzbach

Heilbutt in Rotweinbutter mit Kräutersalat
Für 4 Personen

300 g	filetierter Heilbutt
	Saft von 1 Zitrone
	Salz
	Öl zum Braten
20 g	Butter

Spinat
400 g	Blattspinat
40 g	Butter
	Salz, weißer Pfeffer und Muskatnuss

Rotweinbutter
1	Schalotte
0,3 l	kräftiger Rotwein Montepulciano
0,1 l	Portwein
0,1 l	Fischfond
50 g	Butter
50 g	Salzbutter
	Pfeffer, Cayenne
1	Thymianzweig

Kräutersalat
fein gezupft, nicht gehackt:
Dill, Estragon, Kerbel, Blattpetersilie, Gartenkresse und kleine frittierte Schalottenringe

Den Heilbutt in 4 gleich große Teile würfeln, portionieren und mit Zitronensaft und Salz würzen. In Öl und Butter goldbraun braten.

Spinat
Die Butter in einem Topf hellbraun werden lassen, den gewaschenen Spinat in der Butter sanft erhitzen und mit Salz, Pfeffer und Muskat abschmecken.

Rotweinbutter
Die klein geschnittene Schalotte und den Thymian mit Rotwein, Portwein und Fischfond bis auf ein Drittel einkochen und passieren. Die Reduktion mit den kalten Butterstückchen binden. Mit Pfeffer, Cayenne und eventuell Salz abschmecken.

Der Heilbutt ist der große Bruder des Steinbutts, vielleicht nicht ganz so fein im Geschmack und saftig in der Konsistenz, dennoch eignet er sich als preiswerte Alternative bestens zum kurzen Braten von würfelähnlichen Stücken und harmoniert besonders gut mit einer kräftigen gehaltvollen Rotweinsauce. Der mit „fleur de sel" leicht gesalzene Kräutersalat verleiht dieser Zubereitung Frische und den farblichen Kontrast.

2003 Spätburgunder R, Konrad Schlör, Badisches Taubertal
Eine veritable Spätburgunder-Essenz des Vinum-Rotweinpreisgewinners 2005. Die große Opulenz und Tiefe dieses Ausnahmeweines harmoniert ideal mit der kräftigen Rotweinbutter und dem würzigen Kräutersalat.

Jörg Sackmann

Heilbutt in Schalotten-Limonenkruste mit kandierten Nüssen
und Schweinsfuß-Rilette
Für 4 Personen

600 g	Heilbutt ohne Haut, portioniert in 5o-g-Stücke, Salz, Peffer, Olivenöl, Zirtonensaft.

Schweinsfuß-Rilette
80 g	Zwiebeln
60 g	Karotten
40 g	Knollensellerie
	dies in Würfel geschnitten
1	Knolle Knoblauch
10 g	Thymian
3 EL	Olivenöl
	Meersalz, weißer Pfeffer
600 ml	weißer Portwein
150 ml	Madeira
3 l	heller Kalbsfond
6	Schweinsfüße, sauber geputzt

Rilette
3 EL	Olivenöl
6o g	Schalotten
100 ml	Portwein
100 ml	Madeira
300 ml	Kalbsfond
150 g	Steinpilze
6	Schweinsfüße in Würfel geschnitten
50 ml	Trüffelsaft
	Salz, schwarze Pfeffermischung,
1 Msp	Lebkuchengewürz

Das Mirepoix, den Knoblauch und den Thymian in Olivenöl anschwitzen. Mit Portwein und Madeira ablöschen und einkochen, bis alle Flüssigkeit verdampft ist. Den hellen Kalbsfond dazugießen und die Schweinsfüße zugeben. 4 Stunden zugedeckt bei 100 Grad im Ofen garen.

Die Schweinsfüße im Garfond abkühlen lassen, anschließend herausnehmen und behutsam entbeinen. Dabei darauf achten, dass die Haut nicht beschädigt wird. Die Knochen und den Knorpel entfernen.

Die Haut in ein Gefäß einsetzen und mindestens 8 Stunden pressen, anschließend in Würfel (ca 0,5 cm) schneiden.

Rilette

Olivenöl erhitzen und die Schalotten darin goldbraun anschwitzen. Mit Portwein, Madeira und Trüffelsaft ablöschen und ganz einkochen. Kalbsfond zugeben und auf ein Drittel einkochen. Pilze anbraten, würzen und mit dem gewürfelten Schweinsfuß zugeben.

Etwas reduzieren und die Schweinsfußmasse mit Salz, Pfeffer und Lebkuchengewürz abschmecken.

Schalotten-Limonenkruste

200 g	Schalotten
200 ml	Weißwein
300 ml	Noilly Prat
350 ml	Fischsoße
250 g	Butter
1	Limonensaft
1	Limonenabrieb
1 Msp	Kardamom
	Salz
2 Msp	Molé (Schokoladenpfeffer)
4 Msp	weiße Pfeffermischung

Pfeffer-Melange

20 g	Schalotten
15 g	Butter
150 ml	Noilly Prat
100 ml	Weißwein
400 ml	Fischsoße
2 TL	Melange blanc
1 Msp	Kardamom
1 Spritzer	Limonensaft
1 EL	Crème Fraîche

Macadamianüsse

50 g	Zucker
50 g	Macadamianüsse

Schalotten-Limonenkruste

Die Schalotten mit dem Weißwein und dem Noilly Prat reduzieren, bis die Flüssigkeit eingekocht und die Schalotten trocken sind. Die Fischsoße angießen und bis auf ein Drittel Flüssigkeit weiter reduzieren.

Die Masse kalt stellen und die Butter mit einem Handrührgerät cremig aufschlagen. Nun die kalten Schalotten unter die Butter heben und mit Limonensaft, Limonenabrieb, Kardamom, Salz und den Gewüzen abschmecken. Zu gleichmäßigen Rollen formen (mit Klarsichtfolie) und bis zur weiteren Verarbeitung kalt stellen.

Heilbutt

Den Heilbutt mit Olivenöl und Zitronensaft marinieren und mit Salz und Pfeffer würzen. Auf ein Blech setzen und mit dünnen Scheiben von der Schalotten-Limonenbutter belegen. Den Fisch ca. 3 Minuten unter dem Salamander (nur Oberhitze) garen.

Pfeffer-Melange

Die Schalotten in der Butter anschwitzen, mit Noilly Prat und Weißwein ablöschen und reduzieren. Die Fischsoße und die Gewürze zugeben, aufkochen, ziehen lassen. Crème Fraîche zugeben, aufmontieren, eventuell nachschmecken.

Macadamianüsse

Zucker goldbraun schmelzen lassen. Nüsse zugeben und schön karamellisieren. Auskühlen lassen und grob zerschneiden.

Bintje-Kartoffeln

400 g   Bintje-Kartoffeln
200 g   Butter
1/2 Bd   Kerbel
         Salz, Pfeffer

Junger Lauch

300 g   jungen Lauch
50 g   Butter
         Salz, Pfeffer

Bintje-Kartoffeln

Die Kartoffeln mit einem kleinen runden Ausstecher ausstechen. Die obere Schicht 1 mm quer einschneiden und mit einem schönen Kerbelzweig füllen. Die Kartoffel mit der gefüllten Seite nach unten in eine gut gebutterte Pfanne setzen. Mit Salz und Pfeffer würzen und wiederum mit Butterflocken bedecken. Bei 130 Grad ca. 15 Minuten im Ofen garen.

Junger Lauch

Die Spitzen von Junglauch in ca. 5 cm Länge abschneiden und den Wurzelansatz entfernen. Halbieren, 1-2 Mal einschneiden und in Butter anschwitzen. Mit Salz und Pfeffer abschmecken.

Anrichten

Karamellisierte Macadamianüsse mit weißem Pfeffer auf den Teller streuen. Heilbutt in die Mitte setzen und die Pfeffermelange, Kartoffeln und Lauch schön anrichten.

2003 Sauvignon Blanc „Hades", Weingut Drautz-Able, Württemberg

Richard Drautz gelang mit diesem Sauvignon ein weiteres Aushängeschild des Weingutes.
Der Ausbau im Barrique, die Passion von meinem Freund Richard, verleiht diesem Wein eine gute Tiefe und kräftige Struktur.
Der Wein bildet so den perfekten Begleiter zu diesem außergewöhnlichen Gericht.

Christian Scharrer

Steinbutt in Rotwein braisiert mit Rindermark
auf Topinambur-Artischocken-Gemüse
Für 4 Personen

4	Steinbutt-Filets à 140 g
250 ml	Rotwein
100 ml	Kalbsjus
30 g	Karottenwürfel
30 g	Fenchelwürfel
30 g	Staudensellerie
40 g	Sellerie
8	Schalotten
	Thymian
	Salz, Pfeffer
100 g	Rindermark
8	Poveraden
8	Topinambur
1 g	Karotte
1	Sellerieknolle
1	Bleichsellerie-Staude
3	Knoblauchzehen
10	Champignons
10	Perlzwiebeln
3	Lorbeerblätter
1	Rosmarinzweig
1	Thymianzweig
30 ml	Olivenöl
50 ml	Noilly Prat
10	Shiitake Pilze
200 ml	Hühnerbrühe
	Meersalz
	Schwarzer Pfeffer

Steinbutt mehlen, würzen und in Butter anbraten. Aus der Kasserolle nehmen und das Gemüse anbraten. Thymian zugeben, das Gemüse mit Rotwein ablöschen und einreduzieren lassen. Mit Kalbsjus auffüllen und ebenfalls etwas einreduzieren lassen.

Steinbutt-Filets wieder in die Kasserolle geben, mit einem Deckel verschließen und etwa 10 Minuten bei 200 Grad im Ofen braisieren. Während des Garvorgangs immer wieder mit der Jus begießen. Kurz vor Ende des Garens das Rindermark zugeben. Steinbutt aus der Soße nehmen, diese passieren und mit Butter aufmontieren.

Poveraden und Topinambur putzen, vierteln und in eine gefällige Form bringen. Das Gemüse in Olivenöl leicht anbraten. Die Poveraden- und Topinambur-Stücke zugeben. Mit den Gewürzen abschmecken und mit Noilly Prat ablöschen. Hühnerfond angießen und das Ganze bei milder Hitze köcheln lassen, bis es gar ist.

Zum Schluss sollte das Gemüse gar sein, jedoch fast kein Fond mehr im Topf sein. Nun etwas kalte Butter unterschwingen und mit Petersilienstreifen bestreuen.

2003 Spätburgunder „Reserve", Fritz Wassmer, Baden

Fritz Wassmer hat sich innerhalb kürzester Zeit in die absolute Spitze der badischen Winzer hervorgearbeitet, was der GaultMillau Wein-Guide mit der „Entdeckung des Jahres 2004" unterstreicht. Sein Flaggschiff ist der Spätburgunder „Reserve", ganz nach den großen Vorbildern in Burgund. Er hat eine wunderbare Frucht, ist sehr komplex und begeistert durch seine Vielschichtigkeit.

Hans Stefan Steinheuer

Steinbutt auf Steinpilzen
Für 4 Personen

4	Tranchen Steinbutt an der Gräte à 200 g (vom mindest. 5 kg schweren Steinbutt)
	Salz, Zitrone
4 cl	Olivenöl
1	Thymianzweig
1	Rosmarinzweig
2	Knoblauchzehen
2	Lorbeerblätter
600 g	Steinpilze
4 cl	natives Olivenöl
2	Schalotten
	Salz und Pfeffer aus der Mühle
1 EL	Blattpetersilie und
1 EL	Schnittlauch, fein gehackt und
1	Thymianzweig

Den Steinbutt ausnehmen, waschen und längs halbieren. Den Kopf abschneiden, ebenso die fleischlosen Seitenteile. Aus den Hälften ca. 5-6 cm breite Tranchen schneiden, mit Salz und Zitronensaft würzen und in legerem Olivenöl auf den Hautseiten anbraten unter Zugabe der Kräuter. Nach dem Anbraten ca. 8 Minuten im Ofen bei 180 Grad braten.

Die Steinpilze von Sand und Schmutz befreien, eventuell etwas abspülen und in Scheiben schneiden.

Schalotten in feine Scheiben schneiden und in großer, heißer Pfanne im nativen Olivenöl anbraten, Steinpilze zugeben und mit Salz und Pfeffer aus der Mühle würzen. Thymianblätter zupfen und zusammen mit Blattpetersilie und Schnittlauch zugeben.

Nach dem Garen die dunkle Steinbutthaut entfernen und die Tranche mit Kräutern auf den Steinpilzen anrichten. Als Beilage eignen sich Risolée-Kartoffeln oder Spaghetti.

2000 Volnay „Cuvée Blondeau", Hospices de Beaune

Das Hospice de Beaune ist eine wohltätige Stiftung, die 1443 vom Kanzler des Herzogs von Burgund, Nicolas Rolin, ins Leben gerufen wurde. Verantwortlich für den Ausbau dieses Ausnahmeweines war der Volnay-Spezialist Nicolas Potel. Dieser Wein ist die ideale Ergänzung zu diesem nach Wald und Wiesen duftenden Buttgericht.

Roland Trettl

Der Butt im Butt
Für 4 Personen

1	Steinbutt-Kopf
1	Stück vom Steinbutt-Filet à 400 g
2	mittelgroße Fenchel
1	mittelgroße Aubergine
20	Kirschtomaten
10	Basilikumblätter
2	Thymianzweige
1	Knoblauchzehe
180 g	ligurisches Olivenöl
1	Zitrone
	Salz, weißer Pfeffer und Cayenne

Den Steinbutt-Kopf von den Kiemen befreien und 2 Stunden im kalten Wasser wässern lassen. Die Haut vom Filet entfernen, mit Salz und Pfeffer würzen und in den Kopf stecken.

Die Fenchelknollen waschen und die gröbsten Fäden ziehen. Dann in Längsstreifen schneiden. Die Aubergine schälen, längs vierteln und in 3 mm dünne Scheiben schneiden. Die Kirschtomaten vierteln und das Kerngehäuse rausschneiden. Die Basilikumblätter und Thymianzweige in Streifen und die Knoblauchzehe in hauchdünne Scheiben schneiden. Die gelbe und weiße Haut der Zitrone wegschneiden und das Fruchtfleisch in 5 mm dünne Scheiben schneiden. Das ganze Gemüse und die Zitronenscheiben in eine Schüssel geben. Mit Salz, Pfeffer und Cayenne würzen.

Den Buttkopf mit dem Filet auf eine breite Alufolie legen. Einen Teil des Gemüses in den Kopf stecken und den anderen Teil über dem Kopf verteilen. Das Olivenöl über die ganzen Zutaten gießen. Die Folie so überschlagen, dass alle Zutaten luftdicht abgeschlossen sind. 35 Minuten in den 180 Grad heißen Ofen schieben. Aus dem Ofen nehmen, Folie aufreißen, kräftig daran riechen und sofort essen.

2004 Chardonnay****, Ernst Dautel, Württemberg

Die Rebanlage, aus der dieser Wein kommt, ist 1987 entstanden und die älteste ihrer Art in Württemberg. Die Traubenmenge ist immer stark reduziert, dadurch gibt es nur ca. 1.800 Flaschen.
Das Resultat ist für mich der feinste und eleganteste Chardonnay, den Deutschland aufzuweisen hat.

Eckart Witzigmann

Steinbutt in Milchsud pochiert
und mit brauner Senfbutter serviert
Für 4 Personen

Zutaten
4   dicke Scheiben aus dem Mittelstück des
     Steinbutts an der Gräte à ca. 250 g
     Meersalz

Milchsud
1 l   Wasser
1   Zitrone ohne Schale, Haut und Kerne
        in Scheiben geschnitten
1   kleine weiße Zwiebel, geschält,
        halbiert und in Scheiben geschnitten
1   Bouquet garni bestehend aus:
1   Stangensellerie, Petersilienstängel
1   Thymianzweig
1   kleines Lorbeerblatt
6   zerdrückte Pfefferkörner
        reichlich Meersalz
10 Minuten kochen lassen, abpassieren
Danach erst:
100 g   Champignons in Scheiben
1 l   Milch beigeben
aufkochen lassen

Senfbutter
ca. 200 g feinste Tafelbutter
1-2 TL   Pommerysenf

Nach der Zubereitung des Milchsuds, die Steinbuttstücke darin einlegen und ca. 10 Minuten lang pochieren, ca. 5 Minuten auf den Garpunkt nachziehen lassen, aber nicht kochen.

Steinbutt herausnehmen, auf eine Stoffserviette legen und mit einer zweiten Serviette die Steinbuttscheiben abdecken. Das macht man, damit der Fisch abtropfen kann und nicht der ganze Sud auf dem Teller ist.

In der Zwischenzeit ca. 200 g feinste Tafelbutter hellbraun aufschäumen lassen, Senf einrühren – je nach persönlichem Geschmack 1-2 Esslöffel.

Anrichten

Haut entfernen auf beiden Seiten, auf heißem Teller anrichten, mit der heißen, schäumenden Butter beträufeln, Dampfkartoffeln und Blattspinat dazu servieren – ein Gedicht!

1998 Cuvée Eckart Witzigmann, Pierre Gimonnet, Champagne

Die beste Chardonnay-Cuvée aus der Premier-Cru-Lage Cuis und der beiden Grand-Cru-Lagen Chouilly und Cramant (zu je einem Drittel), von sehr alten Reben. Eine große Komposition ganz im Stile von Pierre Gimonnet, dem hochgeachteten Produzenten feinster „Blanc de Blancs"-Champagner.

Harald Wohlfahrt

Steinbuttschnitte mit grobem schwarzem Pfeffer an der Gräte gebraten auf provenzalischem Gemüsefächer
Für 4 Personen

Steinbutt
4	Steinbuttschnitten aus dem Rücken à 160 g
	Meersalz
4	große schwarze Pfefferkörner
	Mehl
50 ml	Olivenöl
80 g	Butter
2	Thymianzweige
2	Knoblauchzehen

Gemüsefächer
150 g	Auberginen
150 g	gelbe Zucchini
150 g	grüne Zucchini
150 g	Tomaten
100 ml	Olivenöl
2	Knoblauchzehen
2	Thymianzweige
	Salz, Pfeffer aus der Mühle

Soße
100 g	Butter
2	Schalotten
2	weiße Pfefferkörner
1	Lorbeerblatt
300 ml	trockener Weißwein (Riesling)
500 ml	Fischfond
20 ml	Estragonessig
75 ml	Sahne
	Saft von einer Zitrone
	Cayennepfeffer
	Meersalz, Pfeffer aus der Mühle
1 EL	geschlagene Sahne

Auberginen, Zucchini und Tomaten zuerst der Länge nach vierteln, dann zu dünnen Scheiben schneiden. Olivenöl erhitzen, Knoblauch, Thymian und Rosmarinzweige hinzufügen. Die Auberginen- und Zucchinischeiben darin kurz einzeln anbraten, mit Salz und Pfeffer würzen, auf Küchenkrepp abtropfen und erkalten lassen. Auberginen, Zucchini und Tomatenscheiben fächerförmig auf ein Backblech legen. Im Ofen bei 200 Grad 10 Minuten garen.

Für die Soße 25 g Butter aufschäumen, fein geschnittene Schalotten und Champignonwürfel darin anschwitzen. Pfeffer und Lorbeerblatt hinzufügen. Mit Weißwein und Estragonessig ablöschen, fast gänzlich einkochen. Mit Fischfond und flüssiger Sahne auffüllen. Auf ein Drittel der Flüssigkeit einkochen.
Soße durch ein feines Haarsieb passieren. Mit dem Pürierstab die restliche erkaltete Butter einmixen.
Die Soße mit Zitronensaft, Cayennepfeffer, Salz und Pfeffer abschmecken. Kurz vor dem Anrichten die geschlagene Sahne unter die Soße ziehen.

Steinbuttschnitten mit Meersalz beidseitig würzen, auf einer Seite mit grob zerdrücktem Pfeffer bestreuen (gut hineindrücken) und mit Mehl bestäuben. Olivenöl in einer Pfanne erhitzen, Fischscheiben darin auf einer Seite 30 Sekunden kräftig anbraten.

In einer zweiten ofenfesten Pfanne die Butter schmelzen. Thymian und zerdrückte Knoblauchzehen hinzufügen. Fischstücke zur Butter legen, im Ofen bei 220 Grad 4 Minuten garen. Dabei öfters mit Butter übergießen.

Gemüsefächer auf vorgewärmtem Teller anrichten, Steinbuttschnitten darauf setzen und mit der heißen Soße übergießen.

2000 Meursault 1er Cru „Les Genevrières", Hospices de Beaune

Ein ganz großer Weißer Burgunder, ausgebaut von Vincent Girardin, dem Besitzer des gleichnamigen Weingutes im schönen Städtchen Meursault. Der feine buttrig fruchtige Duft mit viel Schmelz und Rasse unterstreicht diese sehr feine Butt-Komposition auf geradezu kongeniale Weise.

UNTER VERRÄTERN

Zum Petersfisch

– erkennbar am Daumendruck –

wünsche ich Gäste mir,

denen schon dreimal der Hahn krähte:

gute Esser, schwer von Gehör.

Günter Grass

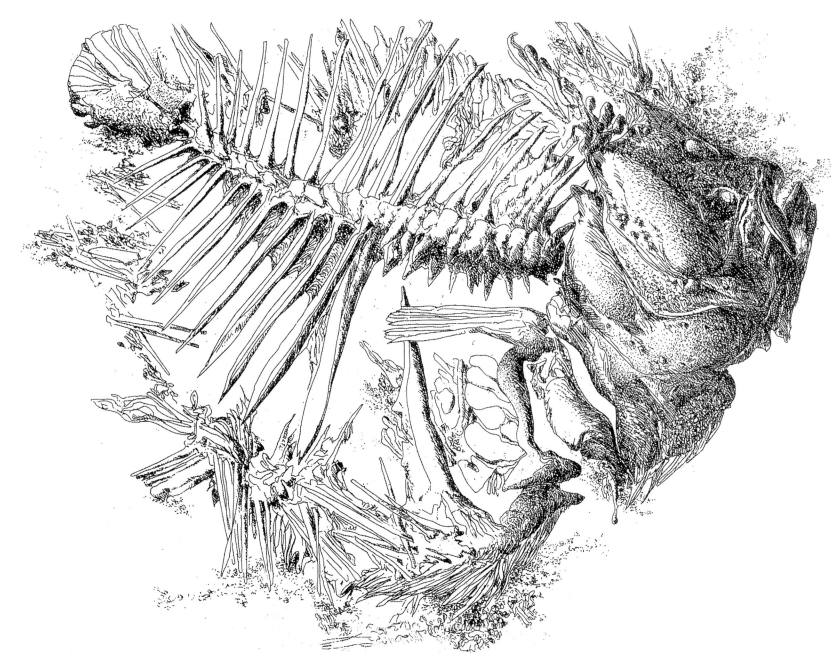

Als vom Butt nur die Gräte geblieben war (1977)

aus: Günter Grass, In Kupfer auf Stein
© Steidl Verlag, Göttingen 1994

ZWISCHEN KOPF UND SCHWANZ
saugt jeder die Gräte ab
und schaut auf den anderen,
wie er die Gräte absaugt;
vierhändig sind wir musikalisch
und Fischesser von Geburt.

Günter Grass

Otto Geisel

Meine Weinauslese zu den Butt-Gerichten

Kein anderes Kulturgut hat in den letzten zweitausend Jahren die Landschaften und ihre Menschen, aber auch die landestypischen Küchen und die Architektur und Literatur in Europa geprägt wie der Wein. Ein Kulturgut, das gefährdet ist, obwohl wir doch glauben könnten, genug davon zu haben. Denn Wein wird mit hohem Einsatz von Technik immer mehr zum austauschbaren Massenprodukt, das oft ausschließlich der Gewinnmaximierung dient. Was von den Containerhäfen seinen Weg in den Lebensmittel-Discount findet, ist von dem Kulturgut, das ich meine, weit entfernt. Es ist Industrieware, bei der jede Flasche und jeder Jahrgang gleich schmecken. Egal, wie jeweils das Klima war.

Seit vielen Jahren, nachdem ich das Glück hatte, von großen Weinpersönlichkeiten wie – um nur einen zu nennen – Serge Dubs, dem legendären Chef-Sommelier der Auberge de l'Ill, einen Teil ihres Weinwissens zu erfahren, bin ich auf der Suche nach unverwechselbaren Weinunikaten. Ich habe erfahren, dass sie immer von dem gleichen Dreiklang geprägt sind: von der Natur, von einer klugen und zurückhaltenden Winzerpersönlichkeit und von dem Wissen dieser Menschen um die natürlichen Zusammenhänge. Für sie gilt stets: Große Weine entstehen im Weinberg und nicht im Hightech-Keller.

Meine Weinauslese ist von diesen Erfahrungen beeinflusst und in diesem Sinne höchst subjektiv. Marketingstrategien interessieren mich nicht. Es geht bei meiner Auswahl um die Butt-Gerichte. Und so sind meine Wein-Anmerkungen ausgerichtet auf die Ergänzung eines Aromas, einer Geschmackskomponente. Also auf Harmonie. Sie nämlich ist zugleich die wichtigste Voraussetzung für gute Küche und große Weine.

Vitae

FERRAN ADRIÀ

geboren am 14. Mai 1962 in Santa Eulália, Provinz Barcelona, Spanien.

Sein einziges Hobby ist Fußball. Er absolviert eine Ausbildung in der Verwaltung, um Betriebswirtschaft zu studieren, bricht die Ausbildung aber ab und jobbt als Tellerwäscher im kleinen Hotel Playafels. Während des Militärdienstes ist er Küchenchef der Kantine. Danach Koch in verschiedenen Restaurants in Spanien und Frankreich, schließlich Küchenchef im Restaurant „El Bulli" an der Costa Brava, nördlich von Barcelona.

Er experimentiert in seiner Küche, nennt sie „Laborâ". Der „Chemiker" arbeitet monatelang an neuen Geschmackskombinationen, für viele gilt er als ein „enfant terrible" der Gastronomie. Ein Essen im „elBulli" besteht aus 25 bis 35 Gängen. Ferran Adrià erhielt zahlreiche Auszeichnungen, darunter drei Michelinsterne. 2005 wird Ferran Adrià mit dem „Internationalen Eckart-Witzigmann-Preis" für „Große Kochkunst" in Stuttgart ausgezeichnet.

THOMAS BALENSIEFER

geboren am 12. Februar 1970 in Bad Honnef. Schon als 16-Jähriger bekocht

er die großen Politiker: Er lernt im „La Redoute", Bonn-Bad Godesberg, wo einst die Bundesregierung viele Staatsempfänge und Bankette ausrichtete. Danach wechselt er, inzwischen Saucier und Chef Tournant, in das Gästehaus der Bundesregierung auf den Petersberg. Stationen im Grand Hotel „Victoria-Jungfrau" in Interlaken/Schweiz, im Kölner Renaissance Hotel, im Restaurant „Marcobrunn" auf Schloss Reinhartshausen. 1998 bis 2005 ist er Küchenchef im Restaurant „Jörg Müller" in Westerland auf Sylt (1 Michelinstern, 18 Punkte im GaultMillau). „Der Umgang mit frischen und regionalen Produkten und deren Verarbeitung ist meine Motivation für diesen Beruf", sagt er. Seine neue Wirkungsstätte, die Villa Hammerschmiede in Pfinztal, ebenfalls mit einem Michelinstern ausgezeichnet, ist Mitglied des Kulinaristik-Forum Baden-Württemberg.

ALBERT BOULEY

geboren am 16. September 1949 in Ravensburg. Er lässt sich zum Kü-

chenmeister und Diplom-Hotelbetriebswirt ausbilden. Seit 1975 führt er mit seiner Frau Brigitte Bouley in fünfter Generation das „Hotel Waldhorn" in Ravensburg. Ahnherr Lorenz Dressel hatte das heute denkmalgeschützte Gasthaus 1860 gekauft. Schon 1950 offeriert Albert Bouleys Vater Henri den Gästen französische Kochkunst in Synthese mit regionalen Gerichten. Die Kochkunst seines Sohnes macht das „Waldhorn" zur Wallfahrtsstätte für Gourmets aus aller Welt. Seit 1976 wird die Waldhorn-Küche in Folge mit einem Michelinstern ausgezeichnet.

GaultMillau würdigt sie mit 18 Punkten, weitere hohe Bewertungen in allen einschlägigen Restaurant-Führern. Bouley ist Mitglied der Deutschen Akademie für Kulinaristik.

BERNHARD DIERS

geboren am 20. Juni 1959 in Assendorf. Stationen im „Royal Lancaster Hotel" in London und in den „Schweizer Stuben" in Wertheim, wo auch Dieter Müller arbeitet. 1985  kocht Bernhard Diers unter anderem mit Eckhard Witzigmann in der „Aubergine", anschließend wird er Sous-Chef im „Hotel Colombi" in Freiburg. 1990 bis 2000 führt er das „Historische Gasthaus Schwanen" in Haigerloch und wird mit zwei Michelinsternen geadelt. Es folgen das „Marstall" in München (zwei Sterne) sowie die „Zirbelstube" im „Hotel am Schlossgarten" in Stuttgart (ein Michelinstern, 18 GaultMillau-Punkte). Bernhard Diers kocht innovativ auf der Basis der „Grand Cuisine", der klassischen französischen Hochküche. Der Schlossgarten ist Mitglied des Kulinaristik-Forum Baden-Württemberg.

KARL EDERER

geboren am 17. Mai 1955 im bayrischen Sattelbogen, Kreis Cham. Mit 15 Jahren beginnt er seine Ausbildung im Münchner „Hotel Wetterstein", mit 20 kocht er  das erste Mal bei Eckart Witzigmann im „Tantris", dann zieht es ihn zu den Sterneköchen Bernard Loiseau und Alain Senderens in die Schweiz und nach Frankreich. Zurück in Deutschland kocht er wiederum bei Witzigmann, wird Sous-Chef in dessen „Aubergine". 1983 gründet Ederer das Gasthaus „Glockenbach", eine Art Grundsteinlegung der deutschen Regionalküche auf hohem Niveau. Er wird Restaurateur des Jahres 1993 bei GaultMillau, ein Jahr darauf erhält er einen Michelinstern. 2001 eröffnet er das Gourmet-Restaurant Ederer in den Münchner „Fünf Höfen". Die Zeit in Frankreich hat ihn geprägt, wichtig sind ihm dabei der ökologische Landbau und die ökologische Tierzucht, er verarbeitet bevorzugt regionale und saisonale Kost. Karl Ederer ist Mitglied der Deutschen Akademie für Kulinaristik.

MARTIN FAUSTER

wird am 20. März 1972 in Leoben, Österreich, geboren. Sein Vater ist Metzger. Die Eltern legen Wert auf natürliche, frische Produkte und kochen die „ehrlichen" Gerichte  der steirischen Heimat. Von 1990 an lernt er in einem kleinen Landgasthof im Nachbarort. Dort geht es solide zu: Rindersuppe, Knödel, Gulasch. Wichtig ist ein gutes Stück Fleisch. Von der Provinz zieht es ihn nach Wien ins „Hotel Intercontinental", wo er Meerestiere und Kräuter entdeckt, dann in den „Quellenhof" in Bad Ragaz, Schweiz. Er arbeitet in Alfons Schuhbecks „Kulturhausstüberl" (Waging), im „Steiereck" (Wien), im „Maisons de Bricourt" in der Bretagne und bei Hans Haas im Münchner „Tantris". Haas ist sein prägender Lehrmeister und wird ein guter Freund. 2004 wird Martin Fauster Chef de Cuisine im Hotel „Königshof", dem Fünf-Sterne-Hotel von Akademie-Mitglied Carl Geisel in München. Der GaultMillau 2005 verleiht ihm 18 von 20 möglichen Punkten, die für „höchste Kreativität und Qualität" stehen.

GEORG FLOHR

geboren am 14. März 1964. Im „Hotel Jägerhaus" in Singen lässt er sich zum  Restaurantfachmann ausbilden. Weil er wissen will, was er tagtäglich aus der gutbürgerlichen Küche serviert, schiebt er gleich noch eine Kochlehre hinterher. Sein Können perfektioniert er 1985 im „Hotel Colombi" in Freiburg und 1986 bei Harald Wohlfahrt in der „Schwarzwaldstube" der „Traube Tonbach" in Baiersbronn. Nach zwei Stationen in Frankreich und Dänemark besucht er die Meisterschule in Baden-Baden und macht sich 1990 in Überlingen mit dem „Landgasthaus zur Krone", heute „Flohr's Restaurant und Hotel", selbstständig. GaultMillau gibt 17 Punkte, der Guide Michelin einen Stern. Georg Flohr ist Mitglied des Kulinaristik-Forum Baden-Württemberg.

JÖRG GLAUBEN

geboren am 22. September 1959 in Homburg an der Saar. Die Eltern sind  Gastronomen, und auch ihm ist klar, dass er nur eines möchte: kochen. Nach dem Abitur beginnt er seine Ausbildung im „Parkhotel Adler" in Hinterzarten, Schwarzwald. Er arbeitet im Durbacher Restaurant „Zum Ritter", bei Dieter Biesler im „Gravenbruch Kempinski", Frankfurt am Main, und schließlich sechs Jahre lang im „Saint Michel", Luxemburg, als Patron und Küchenchef. Dort erhält er einen Michelinstern. 1999 übernimmt Jörg Glauben die Geschäftsleitung des „Romantik Hotels Landschloss Fasanerie" in Zweibrücken. Er ist Chef der Küche von „Tschifflik" und zwei weiteren Restaurants. Das Akademie-Mitglied ist vielfach ausgezeichnet: ein Stern, 17 Punkte im GaultMillau. 2004 verleiht ihm der Aral Schlemmeratlas 4,5 Schlemmerlöffel als „Aufsteiger des Jahres".

MARC HAEBERLIN

Jahrgang 1954, geboren in Colmar als Sohn des Spitzenkochs Paul Haeberlin.  Er besucht die Hotelfachschule in Straßburg und beginnt danach eine Reise durch die großen Küchen Frankreichs. Marc Haeberlin arbeitet mit den Meister-Köchen Bocuse, Troigros, Laserre, Lenôtre, später im Ettlinger „Hotel Erbprinz". 1976 kehrt er in das elterliche Haus zurück, in die

„Auberge de l'Ill" in Illhaeusern, Elsass. Das Restaurant ist seit 1967 ohne Unterbrechung mit drei Michelinsternen ausgezeichnet und gehört zu den am höchsten ausgezeichneten Häusern Frankreichs. Haeberlin ist Präsident von „Traditions & Qualité - Les Grandes Tables du Monde". 2004 erhält er als erster Koch den „Internationalen Eckart-Witzigmann-Preis". Marc Haeberlin und Eckart Witzigmann kennen sich seit vielen Jahren: Einst lernte der „junge" Witzigmann beim „alten" Haeberlin sein Handwerk.

ALEXANDER HERRMANN

Alexander Herrmann, Jahrgang 1971, wächst mit der Gastronomie auf, seinen Eltern gehört das „Herrmanns Posthotel Restaurant" in Wirsberg, Franken. Nach Abschluss der Mittleren Reife lernt er in der Hotelfachschule Bavaria Altötting und absolviert schließlich eine Kochlehre im

„Romantikhotel Rottner" in Nürnberg – dem, wie er selbst sagt, „besten Lehrbetrieb". Danach arbeitet er bei Fritz Schilling in Wertheim, Alfons Schuhbeck in Waging und in Karl Ederers Restaurant „Glockenbach" in München, bis er 1995 an den heimischen Herd zurückkehrt. Zwei Jahre später wird er aufgenommen in den Kreis der „Jeunes Restaurateurs d'Europe". Er ist Aufsteiger des Jahres 2003 im GaultMillau und Mitglied der Deutschen Akademie für Kulinaristik.

HERBERT HINTNER

geboren am 2. September 1957 in Pichl/Gsies, Südtirol. Er ist der Älteste von vier Geschwistern, besucht die Mittelschule und beginnt seine Lehre 1972 im Hotel „Centrale" im Gadertal. Berufschule in Bozen, dann verschiedene Hotels in Südtirol. Die kreative Küche lernt er im Hotel „Klosterbräu" in Seefeld kennen. 1982 heiratet er Margot

Rabensteiner, ihren Eltern gehört das Restaurant „Zur Rose" in Eppan – ein Haus aus dem 12. Jahrhundert. Drei Jahre später übernimmt Hintner das Haus, seine Frau leitet den Service. Er ist Mitglied der Deutschen Akademie für Kulinaristik und Präsident der „Jeunes Restaurateurs d'Europe" in Italien. Am liebsten isst er Kalbskopf. Seine Philosophie ist es, sagt er, die traditionelle Küche des Ortes mit der Kreativität der Zeit zu verbinden. 1995 zeichnet ihn Michelin mit einem Stern aus, GaultMillau vergibt 16 Punkte.

ALFRED KLINK

wird am 6. September 1952 in Nagold geboren. Von 1967 bis 1970 absolviert er im „Hotel Grüner Wald" in Freudenstadt strenge Lehrjahre. Dann beginnen seine Wanderjahre, die ihn unter anderem ins „Hotel Kulm" nach St. Moritz führen sowie nach Locarno ins „La Palma au Lac" und

nach Zürich ins „Baur au Lac". Ende der 70er- und Anfang der 80er-Jahre ist er zweiter Küchenchef im „Hotel Erbprinz" in Ettlingen. Seit 1981 steht Alfred Klink in Roland Burtsche's „Hotel Colombi" in Freiburg, einem Mitglied des Kulinaristik-Forum am Herd. Seit 1984 ist seine Kochkunst mit einem Michelinstern ausgezeichnet. Es folgen viele weitere Auszeichnungen. Prägend waren für Alfred Klink seine Schweizer Jahre, in denen er mit der „Cuisine Française" in Berührung kam. Hier eignete er sich die Grundlagen seiner heutigen neuen Küche an – leicht und bekömmlich, aber sehr geschmackvoll.

VINCENT KLINK

wird am 29. Januar 1949 in Gießen-Lahn geboren. Seine Kochlehre absolviert er bei mehreren badischen Meistern. Nach der Meisterprüfung eröffnet er 1974 sein „Restaurant Postillion" in Schwäbisch Gmünd. 1978 hat sich Vincent Klink einen Michelinstern erkocht, den er bis heute trägt. 1991 eröffnet er die „Wielandshöhe" in Stuttgart. Seine Philosophie: keine Schnörkel. Die Natur ist so gut, dass optimale Naturerzeugnisse selten durch den Koch verbessert werden können. Mit der „Edition Vincent Klink" hat er seinen eigenen Verlag gegründet und mit seinem Freund Wiglaf Droste gibt er das kulinarische Heft „Häuptling Eigener Herd" heraus. Vincent Klink kocht im ARD-Mittagsbuffet sowie im Südwestfernsehen. In seiner Freizeit musiziert er nach eigenen Angaben als „versierter Dilettant" auf der Querflöte, begleitet von einer koreanischen Pianistin. Das Akademie-Mitglied fehlt an keinem Abend in seinem Restaurant.

CLAUS-PETER LUMPP

am 5. März 1964 in Tübingen geboren, lernt im „Kurhotel Mitteltal", heute „Hotel Bareiss" in Baiersbronn-Mitteltal. Seinen Wehrdienst leistet er als Casino-Chef ab und ist anschließend Saucier bei Günter Scherrer im „Res-

taurant Victorian" in Düsseldorf. 1987 kehrt er in den Schwarzwald zurück und avanciert zum Küchenchef der „Kaminstube" im „Hotel Bareiss". Sein Können perfektioniert er in „Petermanns Kunststuben" in Zürich, in Heinz Winklers „Tantris" und bei Eckart Witzigmann. Darüber hinaus lernt Claus-Peter Lumpp bei Alain Ducasse im „Hôtel de Paris" in Monte Carlo, bei André Jaeger im „Rheinhotel Fischerzunft" in Schaffhausen, bei Ezio Santin vom „Antica Osteria del Ponte", Cassinetta di Lugagnano, und bei Johann Lafer im „Val d'Or" in Guldental. Seit 1992 ist er Küchenchef im „Hotel Bareiss". Zwei Michelinsterne, 18 Punkte im GaultMillau. Das Hotel Bareiss ist Mitglied im Kulinaristik-Forum Baden-Württemberg.

DIETER MÜLLER

wird am 28. Juli 1948 in Auggen in Südbaden als Sohn eines Gastronomenehepaars geboren. Nach der Kochlehre

 im „Hotel Bauer", Müllheim, und einer Station im elterlichen Betrieb im Kleinen Wiesental leistet er seinen Wehrdienst ebenfalls in der Küche ab und erhält schon nach sechs Monaten eine Auszeichnung für die beste Bundeswehrküche. Weitere Stationen sind der „Schweizerhof" in Bern unter Altmeister Ernesto Schlegel, das „Hotel Miramare Beach" auf der griechischen Insel Korfu sowie die „Schweizer Stuben" in Wertheim. 1992 eröffnet Dieter Müller sein eigenes Gourmet-Restaurant im Schlosshotel Lerbach in Bergisch Gladbach. 1988 verleiht ihm GaultMillau in den „Schweizer Stuben" 19,5 von 20 möglichen Punkten und wählt ihn 1989 unter die 16 besten Köche der Welt. Seit 1997 ist das Akademie-Mitglied mit drei Michelinsternen ausgezeichnet.

HERMANN PFLAUM

geboren 1938 in Pegnitz. Lehr- und Wanderjahre führen ihn nach Frank-  reich, Belgien, in die Schweiz und zurück nach Deutschland. Heute führt er mit seinem Bruder Andreas, Ehrenvorstand und Mitbegründer der Deutschen Akademie für Kulinaristik, in elfter Generation das PPP: „Pflaums Posthotel Pegnitz" in Franken. Wer seine Gerichte aus frischem Obst, Gemüse, Salaten und vollem Korn probiert, sagt er, „der isst Landschaft".

OLAF PRUCKNER

geboren am 24. August 1965 in Lübeck-Travemünde, österreichische Staatsangehörigkeit. Nach seiner Ausbildung, kocht Pruckner von 1986 an als Commis de Cuisine im „Hotel-Restaurant Landhaus Baur", Fischbachtal-Lichtenberg. Nach anderen Stationen kehrt er dorthin zurück als Sous-Chef, wechselt  1991 ins „Alte Badhaus" in Eberbach, dann in den Frankfurter „Brückenkeller", nach Meersburg in die „3 Stuben" und wieder nach Frankfurt ins „Humperdinck". Im März 1998 wird Olaf Pruckner Küchenchef des Hotel-Restaurants „Altes Amtshaus" im hohenlohischen Ailringen und Mitglied im Kulinaristik-Forum Baden-Württemberg. Pruckner erhält einen Michelinstern und Gault-Millau ehrt ihn mit 16 Punkten.

HUBERT RETZBACH

wird am 13. August 1956 geboren. Seine Kochlehre im „Hotel Kurhaus" in Bad Mergentheim schließt er 1974 ab. Anschließend ist er bis 1980 Chef de Partie in „Brenner's Parkhotel"  mit Unterbrechungen für den Wehrdienst und einem Gastspiel in den USA. Nach der Meisterprüfung mit Auszeichnung avanciert er 1981 zum Küchenchef im „Hotel Victoria", Bad Mergentheim. Gemäß der Philosophie des Hauses setzt er auf gute heimische Produkte. Seit 1993 wird das „Victoria" mit seinem regionalen Bekenntnis mit einem Michelinstern ausgezeichnet. GaultMillau vergibt drei Kochmützen. Das Hotel Victoria ist Mitglied im Kulinaristik-Forum Baden Württemberg.

JÖRG SACKMANN

geboren am 2. Dezember 1960 in Frankfurt am Main. Die Eltern sind Hoteliers, sie führen das „Hotel Sackmann" in Baiersbronn. Jörg, ihr Jüngster, lernt nebenan bei Harald Wohlfahrt in der „Schwarzwaldstube" der „Traube Tonbach". Nach der Ausbildung zieht er für zwei Jahre nach Berlin, arbeitet im „Maître" unter Henry Levy, danach kocht er in München in Eckart Witzigmanns „Aubergine". 1986 legt Sackmann in Baden-Baden die Küchenmeisterprüfung ab, drei Jahre später wird er Chef du Cuisine im elterlichen Hotel, einem Mitgliedsbetrieb des Kulinaristik-Forum Baden-Württemberg; 1993 eröffnet er dort sein Restaurant „Schlossberg". Jörg Sackmann verbindet die regional-traditionelle mit der klassisch französischen Küche. Dafür wird er unter anderem mit einem Michelinstern, 18 Punkten im GaultMillau und vier Löffeln im Aral Schlemmeratlas geadelt.

CHRISTIAN SCHARRER

wird am 22. Dezember 1969 im badischen Waldshut geboren. Nach der

Schule lernt er im „Hotel Schwanen" in seiner Heimatstadt, danach zieht es ihn im Alter von 19 Jahren unter anderem nach Freiburg ins „Hotel Colombi", ins Sylter Restaurant „Jörg Müller" und nach Landshut ins „Romantikhotel Fürstenhof". Als Sous-Chef kocht er fast zwei Jahre lang in der „Schwarzwaldstube" der „Traube Tonbach" in Baiersbronn, danach auf „Gut Faistenberg" in Beuerberg, wo er im Alter von 31 Jahren seinen ersten Michelinstern erhält. Seit Februar 2002 ist Scharrer, wo er immer hin wollte: Küchendirektor des „Imperial", dem Gourmet-Restaurant des Schlosshotels Bühlerhöhe in Bühl bei Baden-Baden. Auch dort erringt er einen Michelinstern, und GaultMillau ehrt ihn als Koch des Jahres 2005.

HANS STEFAN STEINHEUER

wird am 22. Februar 1959 in Bad Neuenahr als Sohn eines Gastronomenehepaares geboren.

Seine Ausbildung absolviert er im Restaurant „Gut Schwarzenbruch" in Stolberg bei Aachen. Weitere Stationen sind das „Hotel Erbprinz" in Ettlingen sowie die „Schweizer Stuben" in Wertheim, wo er als Stellvertreter von Dieter Müller agiert. 1985 übernimmt Hans Stefan Steinheuer den elterlichen Betrieb in Bad Neuenahr-Heppingen und eröffnet das Gourmet-Restaurant „Zur alten Post" sowie den rustikalen Landgasthof „Poststuben". 1998 hat er sich den zweiten Michelinstern erkocht, ein Jahr später kürt ihn GaultMillau zum „Koch des Jahres". Zahlreiche weitere Auszeichnungen folgen. Als einstiger Präsident der deutschen Sektion der Vereinigung junger Spitzenköche, der „Jeunes Restaurateurs d'Europe" und als Vorstandsmitglied der Deutschen Akademie für Kulinaristik ist Hans Stefan Steinheuer häufig in Sachen „Deutsche Esskultur" unterwegs.

ROLAND TRETTL

wird am 3. Juli 1971 in Bozen, Italien, geboren. Ausbildung im „Parkhotel Holzner" in Bozen.

Danach zieht es ihn in die weite Welt der Spitzengastronomie. Er findet seinen großen Meister in Eckart Witzigmann im Münchner Drei-Sterne-Restaurant „Aubergine". Roland Trettl arbeitet als Küchenchef im Restaurant „Ca's Puers" auf Mallorca und ist seit Mai 2003 Küchenchef im „Ikarus" im Salzburger Hangar-7. 2005 wird Roland Trettl in der Kategorie Nachwuchskoch mit dem „Internationalen Eckart-Witzigmann-Preis" ausgezeichnet.

ECKART WITZIGMANN

Eckart Witzigmann ist am 4. Juli 1941 in Bad Gastein in Österreich geboren. Nach

der Handelsschule und einer Kochlehre im „Hotel Straubinger" in Bad Gastein begannen seine beruflichen Lehr- und Wanderjahre.

In der „Auberge de l'Ill" in Illhaeusern bei den Gebrüdern Haeberlin erfolgte die entscheidende Hinwendung zu der so genannten „nouvelle cuisine". Dort definierte er erstmals in seiner ihm eigenen schlichten, aber präzisen Art: „Ich möchte ein guter Koch werden!" Eckart Witzigmann studierte die Neue Französische Küche vor Ort – bei Paul Bocuse, Paul Simon, bei Vergé und den Brüdern Troisgros.

Insgesamt 13 Jahre verbrachte er im Ausland, bevor er endgültig nach Deutschland zurückkehrte und als Küchenchef des „Tantris" brillierte.
1978 eröffnete Witzigmann sein eigenes Lokal – das „Aubergine". Bereits ein Jahr später erhielt es als erstes Restaurant in Deutschland die legendären drei Michelinsterne.
Ein Höhepunkt seiner einzigartigen Karriere ist die 1994 vergebene Auszeichnung zum „Koch des Jahrhunderts" durch GaultMillau. Eckart Witzigmann ist Mitbegründer und Ehrenvorstand der Deutschen Akademie für Kulinaristik.

HARALD WOHLFAHRT

geboren am 7. November 1955 in Loffenau bei Baden-Baden. Kochlehre im

„Mönchs Waldhotel" in Dobel im Nordschwarzwald. 1974 bis 1976 Commis im Zwei-Sterne-Restaurant „Stahlbad" in Baden-Baden, 1976 Saucier in der „Traube Tonbach" in Baiersbronn. Wohlfahrt vervollkommnet seine Kenntnisse bei den Großen seines Fachs wie Eckart Witzigmann und Alain Chapel. 1978 steigt er als stellvertretender Küchenchef unter Wolfgang Staudenmeier in die neu eröffnete „Schwarzwaldstube" des Hotels „Traube Tonbach" von Heiner Finkbeiner ein, 1980 wird er dort Küchenchef und ist es bis heute. GaultMillau ernennt ihn 1991 zum „Koch des Jahres", 1992 hat er den dritten Stern im Michelin. Höchstbewertung in allen Restaurantführern seit 1992. Die Auszeichnung mit dem L'Art-de-Vivre-Ehrenpreis für große Kochkunst ist die jüngste Ehrung für Harald Wohlfahrt. Nach Eckart Witzigmann ist der Baiersbronner Spitzenkoch der zweite Koch in Deutschland, dem dieser Preis für seine Kochkunst zuerkannt worden ist. Die Traube Tonbach ist Mitglied des Kulinaristik-Forum Baden-Württemberg.

OTTO GEISEL

Jahrgang 1960, ging nach dem Abitur in Pforzheim bei Günter Seeger in die Schule – ein begnadeter und besessener Lehrmeister, der heute in den USA als „Magier von Atlanta" verehrt wird.

Nach dem Diplom als Hotelbetriebswirt in Genf übernimmt Otto Geisel in den 80er-Jahren das „Hotel Victoria" in Bad Mergentheim, das seine Großeltern 1927 gegründet hatten. Er setzt auf regionale Produkte und feiert damit Erfolge, die der Guide Michelin mit einem Stern honoriert. Der Patron des „Victoria" engagiert sich vielfältig, als ständiges Mitglied der „Großen Europäischen Wein-Jury", im Tourismus und in der Weiterbildung. Der Weinexperte ist erster, bisher einziger öffentlich bestellter und vereidigter Sachverständiger für Weinbewertung in Deutschland. Otto Geisel ist ehrenamtlicher Geschäftsführer der Deutschen Akademie für Kulinaristik und Begründer des Kulinaristik-Forum Baden-Württemberg.

Heilbronner Köche (1976)

aus: Günter Grass, In Kupfer auf Stein
© Steidl Verlag, Göttingen 1994

Ferran Adrià
El Bulli
Cala Montjoi S/N
E-17480 Roses - Girona
Tel.: (+34) 972 15 04 57
Fax: (+34) 972 15 07 17
bulli@elbulli.com
www.elbulli.com

Thomas Balensiefer
Hotel Restaurant Villa Hammerschmiede
Hauptstrasse 162
76327 Pfinztal-Söllingen
Tel.: 07240/60 10
Fax: 07240/6 01 60
info@villa-hammerschmiede.de
www.villa-hammerschmiede.de

Albert Bouley
Romantik Hotel Waldhorn
Marienplatz Süd
88212 Ravensburg
Tel.: 0751/3612-0
Fax: 0751/3612-100
bouley@waldhorn.de
www.waldhorn.de

Bernhard Diers
Hotel am Schlossgarten
Schillerstraße 23
70173 Stuttgart
Tel.: 0711/20 26-0
Fax: 0711/20 26-888
info@hotelschlossgarten.com
www.hotelschlossgarten.com

Karl Ederer
Restaurant EDERER
Kardinal-Faulhaber-Str. 10
80333 München
Tel.: 089/24 23 13-10
Fax: 089/24 23 13-12
restaurant-ederer@t-online.de
www.restaurant-ederer.de

Martin Fauster
Hotel Königshof
Karlsplatz 25
80335 München
Tel.: 089/55 136-0
Fax: 089/55 136-113
info@geisel-privathotels.de
www.geiselprivathotels.de

Georg Flohr
Flohr's Restaurant und Hotel
Brunnenstraße 11
78224 Singen-Überlingen am Ried
Tel.: 07731/93 23 0
Fax: 07731/93 23 23
flohr@flohrs-restaurant.de
www.flohrs.de

Jörg Glauben
Romantik Hotel Landschloss Fasanerie
R. Zadra Hotellerie Service KG
Fasanerie 1
66482 Zweibrücken
Tel.: 06332/973-0
Fax: 06332/973- 111
info@landschloss-fasanerie.de
www.landschloss-fasanerie.de

Marc Haeberlin
Auberge de l'Ill
2, rue de Collonges au Mont d'Or
F-68970 Illhaeusern
Frankreich (Elsass)
Tel.: (+33) 89 71 89 00
Fax: (+33) 89 71 82 83
aubergedelill@aubergedelill.com
www.auberge-de-l-ill.com

Alexander Herrmann
Herrmann's Romantik Posthotel & Restaurant
Marktplatz 11
95339 Wirsberg
Tel.: 09227/20 80
Fax: 09227/58 60
posthotel@romantikhotels.com
www.herrmanns-posthotel.de

Herbert Hintner
Restaurant zur Rose
Josef Innerhoferstraße 2
I-39057 San Michael - Eppan (BZ)
Tel.: (+39) 471/66 22 49
Fax: (+39) 471/66 24 85
info@zur-rose.com
www.zur-rose.com

Alfred Klink
Colombi Hotel
Roland Burtsche KG
Am Colombi Park
Rotteckring 16
79098 Freiburg im Breisgau
Tel.: 0761/2 10 60
Fax: 0761/3 14 10
info@colombi.de
www.colombi.de

Vincent Klink
Restaurant Wielandshöhe
Alte Weinsteige 71
70597 Stuttgart
Tel.: 0711/6 40 88 48
Fax: 0711/6 40 94 08
edition@vincent-klink.de
www.wielandshoehe.de

Claus-Peter Lumpp
Restaurant Bareiss im Hotel Bareiss
Gärtenbühlweg 14
72270 Baiersbronn-Mitteltal
Tel.: 07442/47-0
Fax: 07442/47-320
info@bareiss.de
www.bareiss.com

Dieter Müller
Schlosshotel Lerbach
Lerbacher Weg
51465 Bergisch Gladbach
Tel.: 02202/2 04-0
Fax: 02202/2 04-940
info@schlosshotel-lerbach.com
www.schlosshotel-lerbach.com

Hermann Pflaum
Pflaums Posthotel Pegnitz
Nürnberger Straße 8-16
91257 Pegnitz Fränkische Schweiz
Tel.: 09241/72 50
Fax: 09241/8 04 04
info@ppp.com
www.ppp.com

Olaf Pruckner
Altes Amtshaus
Kirchbergweg 3
74673 Mulfingen-Ailringen
Tel.: 07937/970-0
Fax: 07937/970-30
info@altesamtshaus.de
www.altesamtshaus.de

Hubert Retzbach
Hotel Victoria
Poststraße 2-4
97980 Bad Mergentheim
Tel.: 07931/5 93-0
Fax: 07931/5 93-500
Hotel-Victoria@t-online.de
www.victoria-hotel.de

Jörg Sackmann
Restaurant Schloßberg
im Romantik Hotel Sackmann
Murgtalstraße 602
72270 Baiersbronn-Schwarzenberg
Tel.: 07447/2 89-0
Fax: 07447/2 89-400
info@hotel-sackmann.de
www.hotel-sackmann.de

Christian Scharrer
Schlosshotel Bühlerhöhe
Schwarzwaldhochstraße 1
77815 Bühl/Baden-Baden
Tel.: 07226/55-0
Fax: 07226/55-777
info@buehlerhoehe.de
www.buehlerhoehe.de

Hans Stefan Steinheuer
Hotel-Restaurant „Zur Alten Post"
Landskroner Straße 110
53474 Bad Neuenahr-Ahrweiler
Tel.: 02641/94 86-0
Fax: 02641/94 86-10
steinheuers.restaurant@t-online.de
www.steinheuers.de

Roland Trettl
Red Bull Hangar-7 GmbH & Co KG
Wilhelm-Spazier-Str. 7A
A-5020 Salzburg
Tel.: (+43) 662/21 97
Fax: (+43) 662/21 97-37 09
Roland.Trettl@hangar-7.com
www.hangar-7.com
www.rolandtrettl.com

Eckart Witzigmann
Thierschstraße 11
80538 München
Tel.: 089/29 16 17 93
Fax: 089/29 16 14 04
office@eckart-witzigmann.de

Harald Wohlfahrt
Hotel Traube Tonbach
Tonbachstrasse 237
72270 Baiersbronn
Tel.: 07442/492-0
Fax: 07442/492-692
info@traube-tonbach.de
www.traube-tonbach.de

Otto Geisel
Victoria Weine
Gänsmarkt 12
97980 Bad Mergentheim
Tel.: 07931/5634-12
Fax: 07931/5634-13
info@victoria-weine.de
www.victoria-weine.de

Impressum

Herausgeber	Eckart Witzigmann
	für die Deutsche Akademie für Kulinaristik
Redaktion	Rainer Knubben, Ulrich Rosenbaum
Fotos	Zeitenspiegel
	Rainer Kwiotek (20), Frank Schultze (2), Sebastian Lasse (1)
	Francese Guillamet (1)
Gestaltung	stilgruppe, Visuelle Konzepte
	www.stilgruppe.com
Projektbetreuung	TIJARDOVIC. KILIAN. fine design
Druck	Druckerei Uhl, Radolfzell
ISBN	3-00-017683-7
	ISBN-10: 3-936682-96-8 (HamppVerlag)
	ISBN-13: 978-3-936682-96-0 (HamppVerlag)

Deutsche Akademie für Kulinaristik
Geschäftsstelle:
Dr. Schier-Straße 24, 97980 Bad Mergentheim
Tel.: 07931/56 15-19
Fax: 07931/56 15-20
akademie@kulinaristik.de
www.kulinaristik.de

Die deutsche Akademie für Kulinaristik arbeitet eng mit der weltweiten Organisation Slow Food und ihrer Universität für Gastronomische Wissenschaften in Pollenzo (Piemont) zusammen. Slow Food wurde 1986 als Bewegung zur Wahrung des Rechts auf Genuss in Italien gegründet.
www.slowfood.de

Printed in Germany, 2006
2. Auflage

Alle Rechte vorbehalten © 2005
Edition Schwarzes Tor
Verlag GmbH, Remshalden

www.victoria-weine.de
Art. Nr. 60000

© Butt Zeichnungen und „Fundsachen für Nichtleser" von Günter Grass
Steidl Verlag, Göttingen